BERGMANS (HRSG.)

Berufs- und Arbeitsmarktperspektiven von Bachelor- und Master-Juristen

Berufs- und Arbeitsmarktperspektiven von Bachelor- und Master-Juristen

Prof. Dr. Bernhard Bergmans
Institut für Rechtsdidaktik und -pädagogik
Fachbereich Wirtschaftsrecht
Westfälische Hochschule, Recklinghausen

Bibliografische Information der Deutschen Nationalbibliothek | Die Deutsche Nationalbibliothek verzeichnet diese Publikation in der Deutschen Nationalbibliografie; detaillierte bibliografische Daten sind im Internet über www.dnb.de abrufbar.

ISBN 978-3-415-04978-9

© 2013 Richard Boorberg Verlag

Das Werk einschließlich aller seiner Teile ist urheberrechtlich geschützt. Jede Verwertung, die nicht ausdrücklich vom Urheberrechtsgesetz zugelassen ist, bedarf der vorherigen Zustimmung des Verlages. Dies gilt insbesondere für Vervielfältigungen, Bearbeitungen, Übersetzungen, Mikroverfilmungen und die Einspeicherung und Verarbeitung in elektronischen Systemen.

Satz: Thomas Schäfer, www.schaefer-buchsatz.de | Druck und Bindung: Laupp & Göbel, Talstraße 14, 72147 Nehren

Richard Boorberg Verlag GmbH & Co KG | Scharrstraße 2 | 70563 Stuttgart
Stuttgart | München | Hannover | Berlin | Weimar | Dresden
www.boorberg.de

Inhaltsverzeichnis

Einführung, *Bernhard Bergmans* 7

I. **Ausbildungsmodelle**

Überblick über die derzeitigen Ausbildungsmodelle zum Bachelor- und Master-Juristen, *Bernhard Bergmans* 14

Wirtschaftsjuristische Studiengänge an Fachhochschulen, *Bernhard Bergmans* 20

Der Bachelor-Studiengang „Unternehmensjurist/in Universität Mannheim", *Georg Bitter* 27

Der Studiengang „Recht – Ius (LL.B.)", *Hans Paul Prümm* 35

II. **Berufsperspektiven**

Privatwirtschaftliche Berufsperspektiven für Bachelor- und Master-Juristen, *Ulrich Sick* 60

Analyse des Absolventenverbleibs am FB Wirtschaftsrecht der Westfälischen Hochschule, Recklinghausen, *Bernhard Bergmans* 72

Wirtschaftsjuristen: freiberufliche Rechtsdienstleister?, *Klaus W. Slapnicar* 81

III. **Arbeitsmarktperspektiven**

Juristen und Wirtschaftsjuristen an Hochschulen und auf dem Arbeitsmarkt unter besonderer Berücksichtigung der Bachelor- und Masterentwicklung, *Michael Weegen* 103

Arbeitsmarktperspektiven von Bachelor- und Master-Juristen, *Bernhard Bergmans* 115

IV. **Konsequenzen und Perspektiven für Hochschulen, Politik, Absolventen und Arbeitgeber**

Podiumsdiskussion: Konsequenzen und Perspektiven für Hochschulen, Absolventen und Arbeitgeber, *André M. Latour* 143

Ein neues Verständnis der Juristenberufe und der Juristenausbildungen, *Bernhard Bergmans* 149

Autoren 155

Einführung

Bernhard Bergmans

In den zahlreichen Diskussionen über die traditionelle universitäre Juristenausbildung und ihre Reformbedürftigkeit hat u. a. das Thema der Berufsqualifizierung immer eine wichtige Rolle gespielt. Dabei ist das Modell der einheitsjuristischen Ausbildung und des Berufszugangs mittels Staatsexamen trotz aller Kritik und Unzufriedenheit nie ernsthaft zur Disposition gestellt worden. Die Berufsfähigkeit der so ausgebildeten Volljuristen wurde und wird aufgrund der Qualität der Ausbildung als grundsätzlich gegeben betrachtet, auch wenn in fast allen Tätigkeitsbereichen de facto ein ‚training on the job' oder eine zusätzliche Fachqualifizierung erforderlich war und ist.

Obschon sich die universitäre Juristenausbildung in den letzten Jahrzehnten also wenig verändert hat – selbst unter Berücksichtigung einer stärkeren Anwaltsorientierung seit der letzten Reform –, ist diese Konstellation durch verschiedene Umstände zunehmend unter Druck bzw. in Bewegung geraten:

Zum einen haben privatwirtschaftliche Unternehmen als potenzielle Arbeitgeber erheblich an Bedeutung gewonnen. Gerade auf Tätigkeiten in diesem Arbeitsmarktbereich bereiten Universitäten jedoch schlecht vor. Zahlreiche Fachhochschulen haben dieses Defizit genutzt und wirtschaftsjuristische Studiengänge eingeführt, die das Monopol der juristischen Ausbildung an Universitäten beendet und eine auf den Bedarf der Privatwirtschaft abstellende Qualifikation etabliert haben.

Gleichzeitig ist jedoch die Anzahl zugelassener Rechtsanwälte in den letzten Jahren stetig gestiegen, was diese selbständige Tätigkeit für viele wirtschaftlich uninteressant werden lässt, den Zustrom weiterer Nachwuchsanwälte aber bislang nicht hat bremsen können.

Auf Hochschulseite waren in einigen Bundesländern aufgrund des Rückgangs der Studierendenzahlen einige juristische Fakultäten gezwungen, neue Ausbildungsangebote anstelle der schlecht ausgelasteten klassischen Juristenausbildung zu entwickeln.

Die Umstellung des Hochschulsystems auf Bachelor- und Master-Studiengänge ist auch für die klassische Juristenausbildung diskutiert worden. Die Justizministerkonferenz hat im Mai 2011 zwar beschlossen, am Staatsexamenssystem für die reglementierten Berufe festzuhalten, den Universitäten aber anheimgestellt, Bologna-konforme Studiengänge für andere Tätigkeitsbereiche einzuführen.¹

Diese verschiedenen Gegebenheiten haben eine Reihe von Fakultäten dazu veranlasst, juristische Studiengänge mit Bachelor- und Master-Abschluss einzuführen, und es ist davon auszugehen, dass weitere folgen werden, auch wenn das Engagement diesbezüglich noch überschaubar ist.

Ein wesentlicher Grund für die bisherige Zurückhaltung der Universitäten dürfte darin bestehen, dass sie keine Erfahrung mit dem Berufs- und Arbeitsmarkt besitzen. Denn ihre Aufgabe war es jahrzehntelang, gesetzliche Vorgaben in Curricula umzusetzen und es im Wesentlichen dem Gesetzgeber zu überlassen, sich Gedanken über die Berufs- und Arbeitsmarkteignung der Absolventen zu machen.

Für alle Bachelor- und Master-Studiengänge gilt aber nach den Vorgaben des Qualifikationsrahmens für deutsche Hochschulabschlüsse², dass diese berufsqualifizierend sein müssen. Das Merkmal der ‚Berufsqualifizierung' wird dabei i. d. R. mit der ‚Beschäftigungs- oder Arbeitsmarktfähigkeit' (‚employability') gleichgesetzt. Was dies aber für juristische Studiengänge außerhalb des altbekannten Jurastudiums bedeuten könnte, scheint den Universitäten bis heute nicht klar zu sein.

Nur wenige sind dabei so offen wie die Juristische Fakultät der Universität Rostock, die auf die Frage, was man mit dem von ihr angebotenen Bachelor-Studiengang *‚Wirtschaft, Gesellschaft, Recht – Good Governance'* später anfangen kann, auf ihrer Webseite antwortet, dass sich dies ehrlicherweise ‚*nicht prognostizieren'* lasse, dass aber einige beispielhaft aufgezählte Tätigkeiten *‚denkbar seien'*. Studieninteressierte sollten *‚daher weniger fragen, was mit dem ‚Abschluss' anzufangen ist, als vielmehr ob das angebotene Studium einem auf dem eignen Lebensweg und der Verwirklichung der eigenen Ziele und Interessen voran bringt.'*³

Die Universitäten sind mit dieser Unsicherheit, welche Berufsperspektiven ein Bachelor- oder Master-Abschluss eigentlich bietet, in guter Gesellschaft, denn auch die Justizministerkonferenz konnte noch 2008 weder aufgrund eigener Einschätzung noch mit Hilfe einer Befragung kompetenter Einrichtungen Berufsbilder und Arbeitsmarktperspektiven für Bachelor-

---

1 82. Konferenz der Justizministerinnen und Justizminister am 18. und 19. Mai 2011 in Halle (Saale), Beschluss TOP II.2.
2 Qualifikationsrahmen für deutsche Hochschulabschlüsse (im Zusammenwirken von HRK, KMK und BMBF erarbeitet und von der KMK am 21.4.2005 beschlossen) (http://www.kmk.org).
3 www.juf.uni-rostock.de/studien-interessierte/fragen-und-antworten, Stand 3/2012 [10.9.2012]. Dieser ausweichend-abwartenden Einschätzung steht aber offenbar nicht entgegen, dass der Studiengang von Studienbewerbern und potenziellen Arbeitgebern gut angenommen wird.

Absolventen erkennen, und nur in sehr bescheidenem Maße für Master-Absolventen.[4]

Erfahrungen der Fachhochschulen wurden dabei bezeichnenderweise nicht berücksichtigt, obschon deren Absolventen seit Jahren mit einer offenbar geeigneten Arbeitsmarktqualifizierung ins Berufsleben entlassen werden. Aber auch für diese Hochschulen ist die Frage der Berufsqualifizierung noch keineswegs ‚erledigt', sondern eine stete Herausforderung. Sie haben es zwar geschafft, einen neuartigen wirtschaftsjuristischen Abschluss am Markt zu etablieren und zum Vorbild auch für universitäre Studiengänge werden zu lassen. Aber auch sie sehen sich immer wieder aufs Neue damit konfrontiert, die Berufs- und Arbeitsmarktqualifizierung sicherzustellen und zu optimieren. So ist die Umstellung von Diplom- auf Bachelor- und Master-Studiengänge zwar organisatorisch vollzogen, aber z. B. die Frage einer sinnvollen Spezialisierung in konsekutiven Bachelor- und Master-Studiengängen mit Sicherheit noch nicht zufriedenstellend beantwortet. Und obschon die Lehrenden hier aus der Praxis kommen, ist es wohl in der Tat so, dass auch die Fachhochschulen erst wirklich verstehen, was der Arbeitsmarkt erfordert, wenn die ersten Wirtschaftsjuristen selbst in diesen Studiengängen unterrichten.[5]

Probleme und Lösungsansätze sind an Universitäten und Fachhochschulen demnach zwar nicht identisch, aber vergleichbar. Es liegt also nahe, das Thema der Berufs- und Arbeitsmarktperspektiven von Bachelor- und Master-Juristen für beide gemeinsam aufzugreifen.[6] Erst recht erscheint dies sinnvoll vor dem Hintergrund der Tatsache, dass zumindest nach bisherigen Erfahrungen die Absolventen dieser Studiengänge beider Hochschultypen auf dem Arbeitsmarkt um dieselben Stellen konkurrieren bzw. konkurrieren werden.

Über seinen eigentlichen sachlichen Gehalt hinaus hat dieses Thema erhebliche, nicht nur hochschulpolitische, sondern auch bildungs- und arbeitsmarktpolitische Implikationen:

Bildungspolitisch wird hier ein Argument angesprochen, dass in den Diskussionen über die Einführung des Bologna-Modells für die Juristenausbil-

---

4 *Justizministerkonferenz, Ausschuss zur Koordinierung der Juristenausbildung*, Berufsfelder, die für eine Ausbildung nach der Bachelor-Master-Struktur relevant sein könnten (Oktober 2008), insbesondere S. 20–24.
5 So zutreffend *R. Gildeggen, B. Lorinser, B. Tybussek*, Der Bachelor Wirtschaftsrecht als berufsqualifizierender und strategischer erster akademischer Abschluss, Neue Juristische Online Zeitschrift 2011, 1353.
6 Auch manche Studiengänge an Fachhochschulen der öffentlichen Verwaltung und Justiz führen zu einem LL.B.-Abschluss. Da diese Hochschulen aber in erster Linie weitgehend berufsspezifisch für den eigenen Bedarf ausbilden und die Studierenden bereits eine Arbeitsstelle besitzen, werden diese im Folgenden nicht berücksichtigt. In ein Gesamtkonzept juristischer Hochschulausbildung sind diese aber einzubeziehen.

dung eine zentrale Rolle spielt, nämlich dass es insbesondere für Bachelor-Absolventen keinen Arbeitsmarkt gebe und entsprechende Abschlüsse demnach wertlos seien.[7] Diese Frage ist nicht nur für die Hochschulen relevant, sondern sie interessiert insbesondere auch mögliche Studienbewerber[8], die zwar Interesse an einem juristisch geprägten Studium haben, aber die Dauer (und ggf. die Anforderungen) und unsicheren Berufsperspektiven des klassischen Jurastudiums scheuen. Auch potenzielle Arbeitgeber werden umso eher auf Bachelor- und Master-Juristen zurückgreifen, je besser sie über Inhalte und Niveau der Qualifikation sowie Einsatzmöglichkeiten informiert sind.

Für die Anwaltschaft ist die Thematik doppelt bedeutsam: Zum einen weil ein funktionierender Arbeitsmarkt voraussichtlich zwar dazu führt, dass weniger Absolventen den Anwaltsberuf anstreben oder ergreifen, zum anderen aber weil eine Lockerung des Rechtsdienstleistungsgesetzes zugunsten von Bachelor- und Master-Juristen die Verdienstmöglichkeiten der Anwaltschaft schmälern würde.

Schließlich wäre eine breite Akzeptanz von Bachelor- und Master-Abschlüssen in der Juristenausbildung für die Politik von Bedeutung, weil eine geringere Zahl Referendare den Haushalt entlasten würde und weil eine besser auf den Arbeitsmarkt abgestimmte Ausbildung volkswirtschaftlich sinnvoll ist.

Die Zeit ist also reif, sich den zahlreichen Fragen zu widmen, die sich in diesem Zusammenhang stellen, z. B.:

– Welche ‚Arbeitsplätze' kommen für Bachelor- und Master-Juristen in Frage?
– Wie ist die Akzeptanz im Markt? Welches Qualifikationsprofil wird nachgefragt?
– Wie kann man diesen Arbeitsmarkt quantifizieren? Welche Verdienstmöglichkeiten gibt es?

---

7 S. z. B. *B. Merk*, Der Bologna-Prozess – die Erste Juristische Staatsprüfung auf dem Prüfstand?, ZRP 2004, S. 264 ff. (265) beschwört die Gefahr eines Bachelor als Billigversion für potenzielle Studienabbrecher, die auf dem Arbeitsmarkt kaum eine Chance haben. Ähnlich *H. Schöbel*, Forum: Das ‚Stuttgarter Reformmodell' – Nicht zukunftsfähig, NJW 2007, 504 (506); Bericht des Ausschusses der Justizministerkonferenz zur Koordinierung der Juristenausbildung über die Erfahrungen mit juristischen Bachelor- und Master-Studiengängen der Hoch- und Fachhochschulen, Berufsfelder, die für eine Ausbildung nach der Bachelor-Master-Struktur relevant sein könnten (2008), S. 15–20, 22–23. Für *H. Konzen*, Bologna-Prozess und Juristenausbildung, JZ 2010, S. 241 ff. (244–245) ist die Arbeitsmarktfähigkeit der Bachelors eine ‚Kardinalfrage' und er sieht ein großes Risiko, dass sie als ‚Statisten der Statistik' in die Arbeitslosigkeit entlassen werden. *M. Kilian*, Die Europäisierung des Hochschulraums, JZ 2006, S. 209 ff. (212) sieht für Bachelor-Absolventen allenfalls Potenzial als Sachbearbeiter im Wettbewerb mit den Lehrberufen.

8 Und natürlich entsprechend Studienberater.

- Ist allgemeinbildenden oder spezialisierenden Studiengängen der Vorzug zu geben?
- Welche Differenzierung ist dabei jeweils zwischen Bachelor und Master sinnvoll oder notwendig?
- Welche Abgrenzung ergibt sich zur Qualifikation und Tätigkeit von Volljuristen?
- Welche Implikationen ergeben sich für die Hochschulen als Bildungsanbieter?
- Welcher Anpassungsbedarf ergibt sich ggf. im Rechtsdienstleistungsgesetz, um die Erbringung selbständiger Rechtsdienstleistungen zu fördern?

Diese Thematik wurde umfassend auf einer Fachtagung des Fachbereichs Wirtschaftsrecht der Westfälischen Hochschule in Recklinghausen am 27. September 2012 behandelt.

Die Referate und Diskussionen dieser Tagung werden in diesem Band dokumentiert. Sie werden ergänzt durch einen Übersichtsbeitrag zum derzeitigen Angebot von juristischen Bachelor- und Master-Studiengängen, die Darstellung wirtschaftsjuristischer Studiengänge an Fachhochschulen sowie ein Gesamtfazit am Ende dieser Publikation.

I.
Ausbildungsmodelle

Überblick über die derzeitigen Ausbildungsmodelle zum Bachelor- und Master-Juristen

Bernhard Bergmans

1. Überblick

Die Begriffe ‚Bachelor- und Master-Juristen', abgeleitet aus der Bezeichnung der Studiengänge bzw. deren Abschluss, sind für viele nicht nur sprachlich ungewohnt, sondern auch inhaltlich klärungsbedürftig. Denn sie suggerieren zwar eine gewisse Standardisierung, aber diese ist de facto nur in beschränktem Maße vorhanden, denn das Ausbildungsangebot Bolognakonformer juristischer Hochschulstudiengänge ist vielfältig. Zwar richten sich alle Programme nach dem Qualifikationsrahmen für deutsche Hochschulabschlüsse[1] und müssen akkreditiert werden, aber die Gestaltungsspielräume innerhalb dieses Systems sind beträchtlich, und sie werden von den Hochschulen auch genutzt.

Im Folgenden soll daher überblicksartig aufgezeigt werden, wie das Ausbildungsangebot sich zum Wintersemester 2012/2013 zusammensetzt und wo prägende Unterschiede bestehen.

Erfasst werden nur Studiengänge mit dem Abschluss Bachelor of Laws – LL.B. oder Master of Laws – LL.M. an Universitäten und Fachhochschulen, sowohl Vollzeitstudiengänge als auch berufsbegleitende oder dualintegrierte, da diese gemäß Vorgabe der ländergemeinsamen Strukturvorgaben[2] ausschließlich oder überwiegend juristische Inhalte vermitteln. Obschon auch Fachhochschulen für öffentliche Verwaltung des Bundes und der Länder solche Abschlüsse inzwischen vergeben[3], werden sie im Folgenden nicht berücksichtigt, da sie aber nicht allgemein zugänglich sind.

Nicht erfasst werden demzufolge Studiengänge mit dem Abschluss B.A./ M.A. oder B.Sc./M.Sc., die insbesondere im Bachelor-Bereich an manchen Universitäten als Zwei-Fach-, Zweit-Fach- oder Nebenfachstudium angeboten werden und ebenfalls juristische Inhalte vermitteln. Auch an Fachhochschulen gibt es vereinzelt interdisziplinäre Studiengänge Wirtschaft und Recht mit solchen Abschlüssen, wobei deren Schwerpunkt im Unterschied zu den wirtschaftsjuristischen Studiengängen im wirtschaftswissenschaftlichen Bereich liegt.

---

[1] Qualifikationsrahmen für deutsche Hochschulabschlüsse (im Zusammenwirken von HRK, KMK und BMBF erarbeitet und von der KMK am 21.4.2005 beschlossen) (http://www.kmk.org).

[2] Ländergemeinsame Strukturvorgaben für die Akkreditierung von Bachelor- und Masterstudiengängen, Beschluss der Kultusministerkonferenz vom 10.10.2003 i. d. F. vom 4.2.2010, Nr. A.6 (www.kmk.org).

[3] S. z. B. die Fachhochschule für öffentliche Verwaltung NRW (http://www.fhoev.nrw.de/bastudiengaenge.html) [25.11.2012].

Nicht erfasst werden auch Master-Studiengänge an Universitäten, die ausdrücklich nicht konsekutiv sind und zumindest den erfolgreichen Abschluss der Ersten Juristischen Prüfung erfordern, so dass sie für Bachelor-Absolventen nicht zugänglich sind. Nicht berücksichtigt werden ebenso Master-Programme, die sich ausschließlich an Interessenten mit einem ausländischen Studienabschluss wenden.

Unter Berücksichtigung dieser Einschränkungen ergeben sich folgende Zahlen bzgl. der angebotenen Bachelor- und Master-Studiengänge:[4]

	Universitäten	Fachhochschulen
LL.B. – Studiengänge	20	43
LL.M. – Studiengänge	13	33

Hierbei ist zu berücksichtigen, dass manche Hochschulen mehrere Studiengänge anbieten. Die Zahl der Studiengänge ist allerdings insofern nur bedingt aussagefähig, als manche Studiengänge an einer Hochschule organisatorisch verselbständigt sind, während sie an einer anderen nur als Spezialisierung oder Profilfeld erscheinen. Die Zahl der Spezialisierungsmöglichkeiten liegt daher wesentlich höher als die hiervor angegebenen Zahlen. Sie ist ihrerseits allerdings auch kaum verlässlich bzw. aussagefähig zu erfassen, da in manchen Studiengängen mehrere Schwerpunkte gewählt werden müssen oder sich die Spezialisierung jeweils individuell aus den gewählten Wahlpflichtfächern ergibt.[5]

2. Fachhochschulen

Die Fachhochschulen haben ihr gesamtes Angebot Bologna-konform gestaltet und als Erste entsprechende Studiengänge angeboten.

Die Studiengänge sind sowohl im Bachelor- als auch im Master-Bereich fast ausschließlich wirtschaftsjuristisch (im Sinne einer juristisch-ökonomisch interdisziplinären Ausbildung) ausgerichtet, davon auf beiden Stufen

---

4 Links zu den einzelnen Angeboten findet man z. B. unter www.studienwahl.de. Aufgrund der hier erfolgten Einschränkungen und präziseren Einzelerfassung ergeben sich Unterschiede zu anderen Statistiken, die i. d. R. eine höhere Anzahl Studiengänge aufweisen. Nach einer Erhebung der Justizministerkonferenz z. B. (Bericht über Möglichkeiten und Konsequenzen einer Bachelor-Master-Struktur anhand unterschiedlicher Modelle einschließlich der berufspraktischen Phase unter Berücksichtigung des entwickelten Diskussionsmodells eines Spartenvorbereitungsdienstes, Ausschuss der Konferenz der Justizministerinnen und Justizminister zur Koordinierung der Juristenausbildung 2011, S. 71) gab es im Wintersemester 2010/2011 an Universitäten und Fachhochschulen nämlich 85 Studienprogramme zum Erwerb eines Bachelor und 166 Studienprogramme zum Erwerb eines Master of Laws (jeweils). Auch der Juristenfakultätentag (www.djft.de) erhebt das Gesamtangebot der Bachelor- und Master-Studiengänge an Universitäten.

5 Zu den Studierendenzahlen s. den Beitrag von Weegen (S. 103).

jeweils 6 berufsbegleitend. Drei Bachelor-Studiengänge sind dual konzipiert und mit einer Ausbildung zum Steuerfachangestellten kombiniert. Alle Studiengänge sehen im Hauptstudium eine mehr oder weniger ausgeprägte Spezialisierung in einem oder mehreren Bereichen vor.[6]

Ebenfalls interdisziplinär, aber mit anderen Schwerpunkten sind einzelne Angebote zum Sozialrecht[7] sowie Informations- und Medienrecht[8], wobei anzumerken ist, dass auch in einigen wirtschaftsjuristischen Studiengängen ähnliche Schwerpunkte angeboten werden.

Die Profilierungen oder Spezialisierungen liegen weit überwiegend im privatwirtschaftlichen Bereich. Zwar wird auch öffentliches Wirtschaftsrecht üblicherweise gelehrt, aber ein nachdrückliches Fokussieren ist nur in wenigen Hochschulen bzw. Studiengängen möglich, die in erster Linie auf eine Tätigkeit in der öffentlichen Verwaltung ausgerichtet sind[9].

Nur ein Studiengang ist als allgemein-juristisch zu bezeichnen und ähnelt dadurch am ehesten dem klassischen Jurastudium[10].

Die Master-Studiengänge sind fast ausschließlich konsekutiv[11] und i. d. R. spezialisierend, allerdings mit weitaus weniger Wahlmöglichkeiten als im Bachelor.

Es gibt zwar einige Studiengänge mit internationalen Schwerpunkten, aber keine integriert-internationalen (mit oder ohne Doppelabschluss). Allerdings werden standardmäßig Auslandspraxis- und -studiensemester angeboten und leistungspunktemäßig anerkannt.

Alle Vollzeit-Bachelor-Studiengänge sehen eine Praxisphase (von allerdings unterschiedlicher Länge) vor, während dies im Master die Ausnahme ist. Alle Studiengänge schließen mit einer Abschlussarbeit ab, deren Gewichtung unterschiedlich ist, im Master aber deutlich höher als im Bachelor.

Zurückzuführen sind die vorerwähnten Unterschiede insbesondere auf die unterschiedliche Regelstudienzeit. Diese beträgt im Bachelor entweder 6 (ca. ein Drittel der Studiengänge) oder überwiegend 7 Semester (zwei Drittel), im Master-Bereich ist die Anzahl der 3- und 4-semestrigen Studiengänge ungefähr gleich hoch.[12]

Gemeinsam ist den Studiengängen, dass sie i. d. R. zulassungsbeschränkt sind (Orts-NC), wobei die Gruppengröße im Bachelor meist unter 100 Erst-

---

6 S. hierzu den nachfolgenden Beitrag von Bergmans (S. 20).
7 Fulda, HWR Berlin.
8 Darmstadt, Fresenius.
9 HWR Berlin, Wildau.
10 Studiengang Ius, HWR Berlin. S. hierzu den Beitrag von Prümm (S. 35).
11 Ausnahme: LL.M. Verkehrs-, Straf- und Versicherungsrecht (Nürtingen-Geislingen).
12 Nur die Hochschule RheinMain folgt dem 8+2-Modell.

semester liegt.[13] Im Master sind die Kohortengrößen noch geringer (genaue Zahlen liegen nicht vor).

3. Universitäten

An den Universitäten ist die Ausgangslage wesentlich vielfältiger und unübersichtlicher. Zunächst ist festzustellen, dass die meisten Studienangebote nicht an einem Bologna-konformen Studienzyklus ausgerichtet sind, sondern Ergänzungen der klassischen Juristenausbildung darstellen:

– Im Bachelor-Bereich gibt es zahlreiche ergänzende Bildungsangebote sowohl für Jura-Studenten als auch für Studierende anderer Fachrichtungen, die zu einem Zwei-Fach-Bachelor oder Neben-Fach-Bachelor in Kooperation mit anderen Fakultäten führen und in aller Regel nicht mit einem juristischen Abschluss versehen sind. Bei den meisten gibt es auch kein erkennbares Studiengangskonzept bzw. Ausbildungsziel. Einige sind zwar im Bereich Recht und Wirtschaft analog zu den interdisziplinären wirtschaftsjuristischen Studiengängen konzipiert, führen aber nicht zu einem juristischen Abschluss.

– Der zahlenmäßig größte Anteil der universitären Master-Programme wendet sich nicht an Bachelor-Absolventen, sondern an Absolventen der klassischen Juristenausbildung[14] oder an ausländische Studierende.

Bologna-konforme Studiengänge werden in erster Line von jenen Fakultäten angeboten, die keine Volljuristenausbildung (mehr) anbieten[15]. Mit einer Ausnahme[16] sind diese Studiengänge interdisziplinär ausgerichtet, wobei insbesondere das Wirtschaftsrecht im Mittelpunkt steht.[17]

---

[13] An einigen Hochschulen ist die Studienaufnahme allerdings sowohl im Winter- als auch im Sommersemester möglich.

[14] Hierbei handelt es sich um Postgraduierten-Studiengänge, die insbesondere im wirtschafts- und steuerrechtlichen Bereich im Sinne einer vor allem berufsbezogenen Spezialisierung angeboten werden. Allerdings ist der Zugang hier beschränkt und es fallen (z. T. beträchtliche) Studiengebühren an. Da als Zulassungsvoraussetzung i. d. R. 240 credits im Rahmen eines vorangegangenen juristischen Studiums gefordert werden, sind diese faktisch für Bachelor-Absolventen nicht zugänglich. Lt. einer Aufstellung des Deutschen Juristen-Fakultätentags 2011 (www.djft.de) gibt es ca. 55 solcher Master-Programme.

[15] Dresden, FernUni Hagen, Kassel, Lüneburg, Rostock, Siegen.

[16] FernUni Hagen. Hier gibt es zwar auch nichtjuristische Studienelemente, aber das Gesamtkonzept bleibt überwiegend rechtswissenschaftlich. *N. Szuka, A. Heups*, Juristisches Studium und moderne Rechtsforschung an der Ferunuversität in Hagen, Rechtstheorie 42 (2011), S. 227 – 242.

[17] In Rostock liegt der Schwerpunkt stärker im öffentlich-rechtlichen bzw. gesellschaftswissenschaftlichen Bereich, in Lüneburg gibt es mehrere Kombinationsmöglichkeiten.

Ein allgemein-juristischer Studiengang parallel zum Staatsexamens-Studiengang wird nirgendwo angeboten. Eine Verbindung mit dem volljuristischen Studium besteht bislang nur in zwei Modellen:
- Manchmal ist der Bachelor-Studiengang ein Nebenprodukt der Volljuristenausbildung und in das Jurastudium als Zwischenetappe integriert, sozusagen als Absicherung, falls das erste Examen nicht erfolgreich bewältigt wird.[18]
- Weniger eng verbunden, aber doch noch integriert in das volljuristische Studienangebot sind Bachelor, die zwar eigenständig konzipiert sind und ein Weiterstudium im Master erlauben, aber ausdrücklich einen Übergang in das volljuristische Studium vorsehen.[19]

Daneben gibt es einige Fakultäten, die eigenständige Studienangebote mit Bachelor-Master-Struktur anbieten[20], wobei diese oft Kooperationsstudiengänge mit ausländischen Hochschulen sind.[21]

Die Universitäten folgen fast einheitlich dem 6+4-Modell.[22]

4. Fazit

Der erste Überblick zeigt, dass die Studiengänge an Universitäten und Fachhochschulen zwar teilweise vergleichbar sind, teilweise aber auch schon Differenzierungsansätze erkennen lassen:

---

18 Bucerius Law School (Hamburg), EBS (Oestrich-Winkel). Beide Studiengänge beinhalten allerdings ein Studium generale und einen geringen Anteil wirtschaftswissenschaftlicher Grundlagen, insgesamt ca. 10–15 % der Gesamtcredits.
19 S. das Mannheimer Modell und dazu den Beitrag von Bitter (S. 27). Ein vergleichbares Modell ist in Potsdam geplant.
20 Z. B. Hamburg, Hannover, Osnabrück.
21 Z. B. Bochum, Bremen, Frankfurt/Oder, Köln.
22 Nur in Bremen und Rostock wird ein achtsemestriger Bachelor angeboten, an der FernUni Hagen wird das 7+3-Modell angewendet.

	Universitäten	Fachhochschulen
Bachelor-Studiengänge		
– gesamt	– 20	– 43
– allgemein-juristisch	– –	– 1
– interdisziplinär	– 13	– 42
– wirtschaftsjuristisch	– 12	– 36
– berufsbegleitend	– 1	– 6
– dual	– –	– 3
– integriert mit voll-jur. Studium	– 1	– –
– international-integriert	– 5	– –
Master-Studiengänge		
– gesamt	– 13	– 33
– allgemein-juristisch	– –	– –
– interdisziplinär	– 12	– 30
– wirtschaftsjuristisch	– 5	– 24
– berufsbegleitend	– 1	– –
– international-integriert	– 5	– –

Die Erhöhung der Vielfalt des Ausbildungsangebots ist zwar ein Ziel des Bologna-Prozesses, aber damit steigt auch die Unübersichtlichkeit. Von den bisherig verfügbaren Studiengängen dürften lediglich die interdisziplinär-wirtschaftsjuristischen als ‚etabliert' betrachtet werden können. Allerdings ist angesichts der relativ geringen Absolventenzahlen noch keine echte Marktdurchdringung erfolgt.

Ausbaufähig ist mit Sicherheit noch das Angebot allgemein-juristischer Studiengänge, sowohl an Universitäten als auch an Fachhochschulen. Da dies aber zu Lasten des klassischen Jura-Studiums geht, dürften insbesondere die Universitäten hier wenig initiativ sein, aber auch die Fachhochschulen sich (zumindest zunächst einmal) nicht auf einen unmittelbaren Wettbewerb einlassen wollen.[23]

---

23 Zu weiteren Implikationen s. den Schlussbeitrag von Bergmans (S. 149).

Wirtschaftsjuristische Studiengänge an Fachhochschulen[1]

Bernhard Bergmans

1. Ursprung

Der Wissenschaftsrat hatte 1990 in einer Stellungnahme zur künftigen Ausgestaltung des deutschen Hochschulsystems u. a. den Ausbau des Fachhochschulwesens, eine Erweiterung dessen Fächerspektrums und aus hochschulpolitischen Gründen die teilweise Übertragung der bisher nur an Universitäten angebotenen Ausbildungen an Fachhochschulen empfohlen.

Als Ergebnis dieser Empfehlung haben einige Bundesländer eine zumindest teilweise Verlagerung der Juristenausbildung von den Universitäten an die Fachhochschulen ins Auge gefasst. Dabei ließ die Kritik an der herkömmlichen Juristenausbildung, vor allem in Bezug auf Ausbildungsdefizite all derjenigen, die ihren Berufsweg außerhalb von Justiz, Anwaltschaft oder Behörde sahen, an verschiedenen Stellen die Idee zu einem eigenständigen Studiengang ‚Wirtschaftsrecht' entstehen.[2]

Da dies in den Kreisen der Wirtschaft auf großes Interesse stieß, nahm der erste Diplom-Studiengang Wirtschaftsrecht trotz des Widerstandes der Universitäten und z. T. auch der Anwaltschaft im Wintersemester 1993/1994 an der Fachhochschule Mainz seinen Betrieb auf.

In den Folgejahren haben auch Fachhochschulen anderer Bundesländer dieses Modell aufgegriffen und inzwischen gibt es entsprechende mit einem Bachelor- oder Master-Abschluss versehene Studiengänge an ca. 40 Fachhochschulen[3] mit ca. 10.000 Studierenden.

2. Grundkonzept

Die wirtschaftsjuristischen Studiengänge wollen nicht in Konkurrenz zur Ausbildung der Volljuristen treten, sondern eine eigenständige Alternative

---

[1] S. auch z. B. *R. B. Abel*, Der Diplom-Wirtschaftsjurist (FH) – Eine Alternative zum herkömmlichen Jura-Studium, NJW 1998, S. 3619 ff.; *T. Schomerus*, Stand und Perspektiven des Wirtschaftsrechtsstudiums an Fachhochschulen, JuS 1999, S. 930 ff.; *T. Schomerus, C. Stix, E. Zens* (Hrsg.), Das Lüneburger Modell. Der Studiengang Wirtschaftsrecht nach fünf Jahren, Schriftenreihe des FB Wirtschaftsrecht, Bd. 2, HF Nordostniedersachsen 1999, *R. Schmidt*, Juristenausbildung an Fachhochschulen – Erfahrungen und Perspektiven, Baden-Baden 2001.

[2] Zu den Ursprüngen und den diesbezüglichen Diskussionen s. ausführlich *K. W. Slapnicar*, Notwendigkeit einer spezifisch wirtschaftsjuristischen Methodik und Didaktik, in: Rechtslehre. Jahrbuch der Rechtsdidaktik 2011, Berlin 2012, S. 109 ff. (110 – 114).

[3] Die Fachhochschulstandorte, die einen Studiengang Wirtschaftsrecht (mit zum Teil unterschiedlichen Bezeichnungen) anbieten, findet man unter: www.wirtschaftsrecht-fh.de oder unter www.hochschulkompass.de.

bzw. Ergänzung darstellen. Denn durch das Fehlen gesetzlicher Vorgaben sowie die damit verbundene Abkopplung vom Bild des Einheitsjuristen und Unabhängigkeit von Staatsexamina ist den Fachhochschulen weitgehend freie Hand gegeben, originelle und den Bedürfnissen des Arbeitsmarktes bzw. der Wirtschaft angepasste Studiengänge zu entwickeln.

Obschon sie hierbei unabhängig voneinander agieren, folgen die meisten den gemeinsamen Standards der Wirtschaftsjuristischen Hochschulvereinigung[4], die sich nicht nur im Grundkonzept, sondern auch in Studienorganisation und -inhalten widerspiegeln:

Ausgehend von den Anforderungen des Marktes nach dem juristisch und betriebswirtschaftlich versierten Allrounder mit einem gewissen technischen Grundverständnis ist das Ziel der Ausbildung in erster Linie, die Lücke zwischen der herkömmlichen juristischen Ausbildung und dem betriebswirtschaftlichen Studium zu schließen und die Studierenden auf eine spätere praktische Tätigkeit in der Wirtschaft oder Wirtschaftsverwaltung bzw. auf einen konsekutiven Master-Studiengang vorzubereiten.

Hierdurch sollen die künftigen Wirtschaftsjuristen befähigt werden, rechtliche und wirtschaftliche Zusammenhänge zu erkennen, verstehen, bewerten sowie selbständig zu bearbeiten und einer praxisgerechten Lösung zuzuführen. Dementsprechend ist Gegenstand der Ausbildung die vertiefte Beschäftigung mit wirtschaftsrelevantem Recht sowie mit grundlegenden wirtschaftlichen Zusammenhängen, unter zusätzlicher Berücksichtigung wesentlicher Schlüsselqualifikationen.

Auf diese Weise soll ein auf den wirtschaftsrechtlichen Bereich fokussierter Fachmann ausgebildet werden, der zwar auch bereits bestimmte Spezialkenntnisse im Studium erwirbt, vom Grundsatz her jedoch ein spezialisierungsfähiger Generalist sein soll, der grundsätzlich in jedem der vielfältigen wirtschaftsrechtlichen Einsatzbereiche tätig sein kann.

Das Studium soll dabei praxisnah erfolgen, um den tatsächlichen Gegebenheiten des Wirtschaftslebens jederzeit Rechnung zu tragen sowie Zusammenhänge zwischen einzelnen Themenbereichen aufzuzeigen und hierdurch das Verständnis der Lehrstoffe zu fördern.

Schließlich soll durch zwingende Fremdsprachenkenntnisse der Internationalität des Wirtschaftslebens Rechnung getragen werden.

Die Studiengänge führen seit der Umstellung auf das Bologna-System zu einen Bachelor of Laws (LL.B.)- bzw. Master of Laws (LL.M.)-Abschluss, aber es existieren auch ähnliche Studienangebote mit B.A. bzw. M.A.-Abschluss.

---

[4] Wirtschaftsjuristische Hochschulvereinigung, Gemeinsame Standards für wirtschaftsrechtliche Bachelor-Studiengänge an deutschen Hochschulen, o. J. (www.wirtschaftsrecht-fh.de).

3. Studienorganisation und -inhalte

Obschon die Studiengänge der Fachhochschulen sich in vielen Einzelheiten unterscheiden, orientieren sich alle an einem Modelltypus, welcher der folgenden Darstellung zugrunde liegt.

3.1. Dauer und Gliederung

Der überwiegende Teil der Bachelor-Studiengänge hat eine Regelstudienzeit von 7 Semestern, ca. ein Drittel von 6 Semestern.

In den ersten 3–4 Semestern werden die wesentlichen Methodenkenntnisse sowie die Grundlagen des Rechts sowie der Ökonomie vermittelt. Danach werden die erworbenen Kenntnisse vertieft, was üblicherweise mit einer gewissen Spezialisierung verbunden ist, wobei in der Regel mehrere Schwerpunkte zur Auswahl angeboten werden.

Ungefähr zwei Drittel der Hochschulen bieten auch konsekutive Master-Studiengänge an, bei denen die Anzahl der 3- und 4-semestrigen Studiengänge ungefähr gleich ist.[5] Für diese Studiengänge gibt es keine ausdrücklichen gemeinsamen Standards. Die Bachelor-Standards werden jedoch grundsätzlich auch im Master angewendet, wobei (auch in Übereinstimmung mit dem Qualifikationsrahmen für deutsche Hochschulabschlüsse) i. d. R. der Praxis weniger Bedeutung zukommt (es gibt i. d. R. keine Praxisphase), der Wissenschaftlichkeit jedoch eine höhere (der Master-Thesis wird üblicherweise ein volles Semester gewidmet). Wesentliche Unterschiede gibt es jedoch insbesondere hinsichtlich des vermittelten Spezialisierungsgrads: Hier reicht die Bandbreite von allgemein-wirtschaftsrechtlichen bis zu eng spezialisierenden Angeboten.

Grundsätzlich wird in diesem System ein Wechsel zwischen den Hochschulen schon während des Studiums, insbesondere aber auch nach erreichtem Bachelor-Abschluss ermöglicht. Probleme ergeben sich vor allem durch die unterschiedliche Regelstudienzeit der Bachelor-Studiengänge. Dies wird i. d. R. durch entsprechende Regelungen in den Prüfungsordnungen (Leistungsanerkennung, zusätzlich zu erbringende Leistungen) gemildert.

3.2. Inhalte

Der Lehrinhalte gliedern sich wie folgt:
– Ein Anteil von mind. 50 % entfällt auf das Teilcurriculum Recht. Dabei steht das Zivilrecht mit besonderen Schwerpunkten auf Handels- und Gesellschaftsrecht, Arbeitsrecht, Insolvenzrecht und gewerblichem Rechtschutz im Mittelpunkt. Daneben gehören öffentliches Recht (mit Schwer-

---

5 Die Abweichung erklärt sich dadurch, dass einige Hochschulen nur einen Bachelor-Studiengang anbieten.

punkt im Wirtschaftsverfassungs- und -verwaltungsrecht), Steuerrecht und Europarecht i. d. R. zum Pflichtbestandteil. Strafrecht spielt hingegen i. d. R. keine Rolle (es sei denn als Wahlpflichtfach).
- Mind. 25 % (i. d. R. ca. 30–40 %) des Studiums sind wirtschaftlich ausgerichtet, wobei betriebswirtschaftliche Fächer dominieren.
- Ungefähr 10–20 % der Studieninhalte werden durch überfachliche Qualifikationen ausgefüllt, insbes. Fremdsprachenbeherrschung (i. d. R. Englisch), Kommunikations-, Verhandlungs- und Präsentationstechniken. Auch fachbezogene Arbeitstechniken werden in den Curricula z. T. als eigenständige Fächer berücksichtigt.

Daneben gehört im Bachelor zum Studium eine obligatorische Praxisphase, die i. d. R. in einem der beiden letzten Semester absolviert wird. Hier können die im Studium erworbenen Kenntnisse in die Praxis umgesetzt und erprobt werden. Daneben hilft diese Erfahrung bei der späteren Berufswahl. An einigen Fachhochschulen wird außerdem vor der Studienaufnahme ein Grundpraktikum gefordert, damit schon eine gewisse kaufmännische oder juristische Orientierung sowie ein gewisses Verständnis für den betrieblichen Alltag vorhanden sind. Anzumerken ist in diesem Zusammenhang, dass bis zu zwei Drittel der Studienanfänger bereits gearbeitet bzw. eine Berufsausbildung abgeschlossen haben.

Verstärkt wird dieser Praxisbezug durch die Tatsache, dass zu den Berufungsvoraussetzungen der Professoren eine mehrjährige Berufspraxis außerhalb der Hochschule zählt. Außerdem sollen Berufspraktiker regelmäßig mit Lehraufgaben (Lehraufträge, Gastvorträge, Betreuung von Projekt- und Abschlussarbeiten) betraut werden.

Im zweiten Studienteil wird den Studierenden durch die Wahl eines Schwerpunktes ermöglicht, bereits eine gewisse (je nach Art des Schwerpunktes mehr oder weniger berufsbezogen ausgeprägte) Spezialisierung zu erreichen. Solche möglichen Schwerpunkte sind z. B. Arbeitsrecht und Personalwirtschaft, Finanzdienstleistungen, Steuern und Prüfungswesen, Internationales Management oder Unternehmensführung.[6]

Das Studium wird abgeschlossen durch eine Bachelor-Arbeit, für die mindestens acht Wochen Bearbeitungszeit oder zehn Credits zur Verfügung stehen. Diese sind im Übrigen oft praxisbezogen und werden an einigen Fachhochschulen in Verbindung mit einer Praxisphase verfasst.

Im Hinblick auf den europäischen Integrationsprozess und die Globalisierung der Märkte werden internationale Aspekte in den einzelnen Fächern in die Lehre einbezogen oder separat unterrichtet. Darüber hinaus sollen die Studierenden in ihrem Fachgebiet über verhandlungssichere Sprachkenntnisse (i. d. R. Englisch) verfügen. Internationale Hochschulkooperationspro-

---

6 Einen Überblick über alle angebotenen Schwerpunkte bietet ebenfalls www.wirtschaftsrecht-fh.de.

gramme ermöglichen den Studierenden an den meisten Fachhochschulen, durch Auslandsstudien- und/oder -praxissemester ihre internationalen beruflichen und interkulturellen Fähigkeiten zu verbessern. Die internationale Mobilität wird durch die Anerkennung von im Ausland erbrachten Studienleistungen gefördert.

4. Studienbedingungen und Didaktik

Der Zugang zu den Studiengängen erfolgt i. d. R. über einen Numerus clausus, der die Anzahl der Studenten pro Jahrgang je nach Hochschule auf ca. 40–130 begrenzt. Die hieraus resultierende geringe Gruppengröße wird z. T. weiter dadurch reduziert, dass insbesondere Veranstaltungen in den ersten Semestern oft zweizügig angeboten werden.

Die Professorenschaft setzt sich aus Juristen und Ökonomen zusammen, die i. d. R. am gleichen Fachbereich tätig sind.[7] Diese müssen einige Jahre Praxiserfahrung außerhalb des Hochschulbereiches gesammelt haben. Die Lehrverpflichtung von 18 SWS trägt im Übrigen dazu bei, dass die Kontakte mit den Studierenden intensiver sind als an den Universitäten.

Die Lehrveranstaltungsformen variieren je nach Gruppengröße und Thema. Dabei werden die klassischen Vorlesungen möglichst kombiniert mit Elementen aus Übungen und Seminaren, bei denen die praxisbezogene Anwendung und die aktive Teilnahme der Studierenden eine wichtige Rolle spielen. Alle Veranstaltungen müssen regelmäßig von den Studierenden evaluiert werden.

Leistungskontrollen erfolgen i. d. R. durch Klausuren, die von den Professoren selbst gestellt und korrigiert werden, aber auch im Rahmen von Hausarbeiten, Referaten oder Projektarbeiten, d. h. Formen, die den verschiedenen Fähigkeiten Rechnung tragen, die in wirtschaftsjuristischen Studiengängen vermittelt werden. Diese Prüfungen werden studienbegleitend abgelegt.

Durch die günstige Betreuungsrelation[8], den direkten Kontakt zu den Professoren sowie den Praxisbezug werden Studienvoraussetzungen geschaffen, wie sie ansonsten nur an privaten Hochschulen bestehen, zumal viele Fachbereiche über eine moderne technische Ausstattung verfügen (allerdings ohne dass hierfür besondere Studiengebühren verlangt würden).

---

[7] Organisatorisch werden diese Studiengänge dabei meist dem Fachbereich Wirtschaft zugeordnet, z. T. aber auch in eigenen Fachbereichen durchgeführt.

[8] S. *Wissenschaftsrat*, Perspektiven der Rechtswissenschaft in Deutschland. Situation, Analysen, Empfehlungen, Drs. 2558–12, Hamburg 9.11.2012, Tab. 18, S. 109 [2.2.2013].

5. Berufsqualifizierung und Berufsperspektiven

Die Studiengänge unterliegen alle der Akkreditierung, wobei jeweils die Berufsqualifizierung nachzuweisen ist, die insbesondere je nach angebotener Spezialisierung variiert. Übergreifend kann man jedoch feststellen, dass die Absolventen offensichtlich ohne größere Probleme vom Arbeitsmarkt aufgenommen werden.[9]

Arbeitgeber sind i. d. R. privatwirtschaftliche Unternehmen und Verbände. Der Bachelor-Abschluss ermöglicht den Zugang zum gehobenen Staatsdienst, der Master-Abschluss zum höheren Dienst. Allerdings spielt dieses Arbeitsmarktsegment in der Praxis nur eine untergeordnete Rolle.

Ein geringer Anteil der Absolventen macht sich selbständig. Infolge der gesetzlichen Restriktionen im DRiG und RDG erhalten die Absolventen jedoch keinen Zugang zu den reglementierten Berufen. In gewissem Umfang ist aber auch bei bestimmten selbständigen Tätigkeiten eine Annex-Rechtsberatung erlaubt.[10]

Die bisherigen Erfahrungen beziehen sich überwiegend auf Absolventen der vierjährigen Diplomstudiengänge, aber da sich das grundlegende Konzept durch die Anpassung an die Bologna-Strukturen nicht geändert hat und seit Einführung der Bachelor-Studiengänge keine Änderung des Markteintrittsverhaltens festzustellen ist, kann man davon ausgehen, dass die Berufsperspektiven für Bachelor-Wirtschaftsjuristen weiterhin gut sind.

Dies sollte erst recht für Master-Wirtschaftsjuristen gelten. Mangels einer größeren Anzahl Absolventen liegen diesbezüglich noch keine aussagefähigen Erkenntnisse vor, insbesondere hinsichtlich der Frage, inwiefern sich die Berufs- und Arbeitsmarktperspektiven der Master-Absolventen von denen der Bachelor-Absolventen unterscheiden.

6. Vergleich mit dem Jurastudium an Universitäten

Wie oben ausgeführt sehen die Fachhochschulen den Studiengang Wirtschaftsrecht nicht als Konkurrenz zum universitären Jurastudium, sondern als Bildungsangebot, das andere Zielsetzungen verfolgt und eine andere juristische Ausbildung verwirklicht.

Durch die Abkopplung vom universitären Studienmodell und die Ansiedlung an Fachhochschulen ergibt sich für die wirtschaftsjuristischen Studiengänge eine Reihe wesentlicher organisatorischer und inhaltlicher Stärken, insbesondere auch im Vergleich mit dem universitären Jurastudium:
– Interdisziplinarität durch die Kombination fachspezifischer rechts- und wirtschaftswissenschaftlicher Kenntnisse,
– hoher Praxisbezug,

---
9 S. hierzu auch den Beitrag von Bergmans (S. 115).
10 S. hierzu auch den Beitrag von Slapnicar (S. 81).

- hohe Studien- und Betreuungsintensität durch kleine Gruppengröße und leichter ansprechbare Professoren (z. T. allerdings kompensiert durch die geringe Anzahl wissenschaftlicher Mitarbeiter),
- laufende Leistungskontrollen durch studienbegleitende und abschichtende Prüfungen,
- kürzere Studiendauer und dadurch jüngeres Berufseintrittsalter,
- internationale Ausrichtung durch vertiefte Fremdsprachenkenntnisse und die Möglichkeit, einen Teil des Studiums an einer ausländischen Hochschule bzw. im Auslandspraktikum zu absolvieren,
- gezielte Vermittlung berufsrelevanter Schlüsselqualifikationen.

Der Bachelor-Studiengang „Unternehmensjurist/in Universität Mannheim"[1]

Georg Bitter

1. Grundkonzept

Mit dem Bachelor-Studiengang *Unternehmensjurist/in Universität Mannheim* bietet die Fakultät für Rechtswissenschaft und Volkswirtschaftslehre unter Beteiligung der Fakultät für Betriebswirtschaftslehre seit dem Herbstsemester 2008 erstmals in Deutschland eine sehr innovative Kombination einer universitären rechts- und wirtschaftswissenschaftlichen Ausbildung an: Diese verleiht einerseits nach sechs Semestern einen ersten berufsqualifizierenden Abschluss, der den Absolventen einen unmittelbaren Berufseinstieg ermöglicht. Daneben dient er jedoch auch als Basis für ein weiterführendes juristisches oder betriebswirtschaftliches Master-Studium. Schließlich ist den Studierenden die Möglichkeit eröffnet, ihr Studium mit dem Ziel des Staatsexamens weiterzuführen, und das unter Anrechnung wesentlicher Teile des Bachelor-Studiums.

Ziel dieses innovativen Konzeptes ist es zunächst, das von den Juristen in den letzten Jahrzehnten im Arbeitsmarkt verlorene Terrain durch eine auf die Bedürfnisse des (privaten) Arbeitsmarkts abgestimmte Qualifizierung zurückzugewinnen. Der Bachelor-Abschluss soll daher nicht nur arbeitsmarktfähig sein, sondern auch höchsten Qualitätsstandards entsprechen. Die Ausbildung erfolgt daher insbesondere im Hinblick auf diejenigen Anforderungen, die einer wirtschaftsjuristischen Tätigkeit entspringen. Durch die wissenschaftliche Vertiefung einzelner Gebiete und die Entwicklung und Förderung von persönlichen Fähigkeiten sollen zudem die Handlungsfähigkeit in der beruflichen Praxis gestärkt und die Grundlagen für den Erwerb weiterer wissenschaftlicher und beruflicher Qualifikationen geschaffen werden. Die Studierenden profitieren dabei von der auf Wirtschaftsrecht spezialisierten Mannheimer Rechtswissenschaft und zugleich von der bundesweit führenden Fakultät für Betriebswirtschaftslehre.

Gleichzeitig soll durch das ‚Mannheimer Stufenmodell' die Möglichkeit eröffnet werden, bei Interesse das Studium mit dem Ziel des Staatsexamens weiterzuführen, das weiterhin Voraussetzung für alle reglementierten Berufe ist, und das möglichst ohne Zeitverlust für die Studierenden.

---

[1] S. auch *C. Schäfer*, „Bologna" in der Juristenausbildung? Das Mannheimer Modell eines LL.B.-Studiengangs, NJW 2008, 2487, *F. Maschmann*, Neuer LL.B.-Studiengang an der Universität Mannheim: Bachelor Unternehmensjurist, AuA 2008, S. 162–164 sowie unter www.jura.uni-mannheim.de.

2. Curriculum und Prüfungen

2.1 Curriculum

Das Bachelor-Studium setzt sich aus den drei Kernbereichen Rechtswissenschaften, Wirtschaftswissenschaften und Schlüsselqualifikationen zusammen, und zwar mit folgender Grobstruktur:

RECHTSWISSENSCHAFTEN (62%)			WIRTSCHAFTS-WISSENSCHAFTEN (31%)
Zivilrecht Grundlagen und Vertiefung			Betriebswirtschaftslehre Grundlagen und Vertiefung
Öffentliches Wirtschaftsrecht Grundlagen		Spezialisierung Wirtschaftsrecht Grundlagen und Vertiefung	Volkswirtschaftslehre Grundlagen
SOZIAL- UND METHODENKOMPETENZ (7%)			

Der rechtswissenschaftliche Teil des LL.B.-Studiums (111,5 ECTS) enthält folgende Elemente:
- Ausbildung im Zivilrecht auf Staatsexamensniveau,
- Grundlagen des deutschen und europäischen Wirtschaftsverfassungs- und Wirtschaftsverwaltungsrechts,
- Spezialisierung im Wirtschaftsrecht. Die Grundlagen des Wirtschaftsrechts werden ab dem 3. Semester vermittelt (Handels- und Gesellschaftsrecht, Arbeitsrecht, Kreditsicherungsrecht). Ab dem 4. Semester folgt eine Vertiefung in einem der folgenden Wahlbereiche: Internationales Privat- und Wirtschaftsrecht, Bank- und Kapitalmarktrecht, Gesellschaftsrecht, Kollektives Arbeitsrecht, Insolvenz und Sanierung, Versicherungsrecht, Geistiges Eigentum und Wettbewerbsrecht, Medizin- und Gesundheitsrecht oder Steuerrecht.

Der wirtschaftswissenschaftliche Teil (54,5 ECTS) besteht aus:
- einer Einführung in die Volkswirtschaftslehre,
- praxisrelevantem Wissen in den BWL-Kernfächern: Management, internes Rechnungswesen, Grundlagen des externen Rechnungswesens, Finanzwirtschaft und Marketing,
- Vertiefung im Schwerpunktbereich Tax and Accounting oder Human Resources.

Die Verbindung zwischen rechts- und wirtschaftswissenschaftlichen Fächern stellen die Veranstaltungen zur „Ökonomischen Analyse des Rechts" sowie zum „Vertragsrecht und Vertragsmanagement" her. Im Übrigen dienen die Veranstaltungen im wirtschaftsrechtlichen Schwerpunktstudium und in den BWL-Wahlmodulen der Vermittlung einer integrativen Sicht der Einzeldisziplinen.

Im Bereich Schlüsselqualifikationen (14 ECTS) ist neben Kursen zur englischen Fachsprache, Präsentation und zum Verhandlungsmanagement ein verpflichtendes Praktikum von mindestens vier Wochen vorgesehen.

Mit dem zivilrechtlichen Teil der schriftlichen Staatsprüfung und einer Bachelorarbeit schließt das Studium ab.

Sem.	Rechtswissenschaft		Wirtschaftswiss.		Schlüsselqualifikation
1. S.	ZivilR 1	Öffentliches WirtschaftsR	BWL 1	Einf. VWL	Englische Fachsprache Wirtschaft und Recht
2. S.	ZivilR 2	Öffentliches WirtschaftsR	BWL 1		
3. S.	ZivilR 3	WirtschaftsR-AT	BWL 2		Präsentations- und Kommunikationstechnik
			Wahl-BWL		
4. S.	ZivilR 3	WirtschaftsR-AT	BWL 2		
		WirtschaftsR-BT (Wahlfach)	Wahl-BWL		
5. S.	ZivilR-Vertiefung	WirtschaftsR-AT			Praktikum
		WirtschaftsR-BT (Wahlfach)			Verhandlungs-management
6. S.	ZivilR-Vertiefung	BACHELOR-ARBEIT			

2.2 Prüfungen

Prüfungsleistungen können bestehen in schriftlichen Klausurarbeiten, sonstigen schriftlichen Arbeiten (insbesondere Hausarbeiten), mündlichen Prüfungen oder besonderen Projektarbeiten. Sie werden im Bachelor-Studium grundsätzlich studienbegleitend erbracht (die beiden zivilrechtlichen Klausuren aus dem Staatsexamen – dazu unten – am Ende des Studiums).

Zu Beginn des Studiums (spätestens bis zum Ende des 3. Semesters) ist eine Orientierungsprüfung abzulegen. Hierdurch sollen die zu Prüfenden nachweisen, dass sie sich exemplarisch mit grundlegenden rechts- und wirtschaftswissenschaftlichen Themengebieten vertraut gemacht haben und über hinreichende Kenntnisse und Fähigkeiten fachlicher, methodischer und persönlicher Art verfügen, um im weiteren Studium die für einen erfolgreichen Abschluss erforderlichen Kenntnisse und Fähigkeiten zu erwerben. Bei Nichtbestehen erlischt der Prüfungsanspruch.

Die Orientierungsprüfung ist bestanden, wenn die Klausur im Modul „Zivilrecht I" sowie – nach Wahl des zu Prüfenden – eine der beiden Klausuren aus dem Modul „Grundlagen der Volkswirtschaftslehre und Finanzmathematik" bestanden wird.

Bis zum Ende des vierten Semesters muss eine – für Staatsexamensstudiengänge zwingende – Zwischenprüfung abgelegt werden, die aus folgenden Prüfungsleistungen des Bachelor-Studiums besteht: Teilklausur 1 im Modul „Zivilrecht 2" (materielles Recht), Klausur im Modul „Öffentliches Recht", Klausuren im Modul „BWL 1". Ist eine Wiederholungsklausur erforderlich, muss diese bis zum Ende des sechsten Semesters erfolgreich abgelegt werden.

Ein weiterer Anreiz für ein zügiges Studium ergibt sich aus der Regelung, dass die Prüfungsleistungen der Bachelorprüfung spätestens bis zum Ende des neunten Semesters erstmalig abgelegt und bis zum Ende des zwölften Semesters bestanden sein müssen, ferner aus den Zwangsanmeldungen zu Prüfungsleistungen der ersten Semester.

Da die Leistungen aus der Orientierungsprüfung und aus dem Bereich der Schlüsselqualifikationen sowie des Praktikums nicht benotet werden, ergibt sich folgende Zusammensetzung der Abschlussnote:

Grundlagen Recht	Zivilrecht Vertiefung	Wirtschaftsrecht (SPB)	BWL
Zivilrecht 2 (inkl. Teilklausur Rechtsgeschichte)	2 Klausuren aus dem Staatsexamen	Klausur Wirtschaftsrecht AT	BWL 1 3 Klausuren
Zivilrecht 3		Mündliche Prüfung Wirtschaftsrecht BT	BWL 2 2 Klausuren
Öffentliches Wirtschaftsrecht		Bachelorarbeit	Wahlbereich
24%	23%	23%	30%

3. Berufsperspektiven

Gemäß den Ausbildungszielen werden Berufsperspektiven in erster Linie in Unternehmen und Verbänden gesehen, die einen großen Bedarf an hervorragend ausgebildeten Fachkräften haben, die sowohl juristische als auch betriebswirtschaftliche Probleme erkennen und lösen können. Konkrete Einsatzmöglichkeiten gibt es entsprechend den angebotenen Spezialisierungen insbesondere in Steuerberatungs- und Wirtschaftsprüfungsgesellschaften, im Sektor der Finanzdienstleistungen und Versicherungen, im Personalmanagement, in der Revision oder bei der Leitung von Unternehmen.

Durch die vielfältigen Verbindungen der Universität in Wirtschaft und Gesellschaft können die Mannheimer Studierenden im Übrigen schon während des Studiums Kontakte knüpfen und so ihren erfolgreichen Weg ins Berufsleben vorbereiten.

4. Fortsetzung des Studiums

Nach erfolgreichem Abschluss des Bachelor-Studiums kann die akademische Ausbildung in verschiedener Weise fortgesetzt und vertieft werden:

4.1 Master-Studiengänge

Möglich ist zum einen, das Studium in einem konsekutiven viersemestrigen wirtschaftsrechtlich orientierten Master-Studiengang „Master of Laws (LL.M.)" an der Universität Mannheim fortzusetzen. Hier ist insbesondere eine Vertiefung in den Bereichen Steuern/Taxes oder Arbeitsrecht/Human Resources möglich. Außerdem hat dieser Studiengang eine starke internationale Prägung.

Studierende, die während des Bachelor-Studiums eine besondere Affinität zu ökonomischen Fragestellungen entdeckt haben, können in Mannheim eine Vertiefung in einem wirtschaftswissenschaftlichen Masterstudiengang wählen, z. B. Master of Management and Science der Fakultät für Betriebswirtschaftslehre oder – nach mindestens einem Jahr Berufserfahrung – im „Mannheim Master of Accounting and Taxation" der Mannheim Business School.

Auch Wechsel in juristische oder wirtschaftswissenschaftliche Master-Studiengänge anderer Hochschulen sind selbstverständlich entsprechend deren Zulassungsvoraussetzungen möglich, wobei allerdings jeweils im Einzelfall zu prüfen ist, ob der Bachelor *Unternehmensjurist/in Universität Mannheim* im Hinblick auf jene Zulassungsvoraussetzungen eine hinreichende Anzahl an ECTS im betriebswirtschaftlichen Bereich aufweist.

4.2 Jurastudium

Es besteht schließlich auch die Möglichkeit, nach vier weiteren Semestern aufbauender Studien im Straf- und Öffentlichen Recht an der juristischen Fakultät das Erste Juristische Examen in Baden-Württemberg abzulegen. Dabei können die Bachelor-Absolventen einen in Deutschland einzigartigen Bonus erhalten: Die bereits im Bachelor-Studiengang abgelegten zivilrechtlichen Klausuren werden für das Erste Juristische Examen anerkannt. Es sind dann nur noch die Klausuren im Öffentlichen Recht und im Strafrecht sowie die mündliche Prüfung abzulegen. Das Examen wird also in zwei Etappen abgelegt, also abgeschichtet, wodurch eine schon lange erhobene Forderung an die Juristenausbildung realisiert wird.

Außerdem finden die Prüfungsleistungen im Schwerpunkt Wirtschaftsrecht Anrechnung als universitäre Schwerpunktbereichsprüfung (Universitätsprüfung) als Teil der Ersten Juristischen Prüfung.

Diese Bonusregelung gilt allerdings nur unter folgenden Voraussetzungen: Die Absolventen waren vor dem Beginn des Bachelor *Unternehmensjurist/in Universität Mannheim* nicht bereits in einem anderen rechts- oder wirtschaftswissenschaftlichen Studiengang eingeschrieben, das Bachelor-Studium wurde in der Regelstudienzeit von sechs Semestern absolviert und nach weiteren vier Semestern, die sich unmittelbar anschließen müssen, wurden die restlichen Prüfungsleistungen der Ersten Juristischen Prüfung abgelegt.

„Staatsexamensoption" in Mannheim

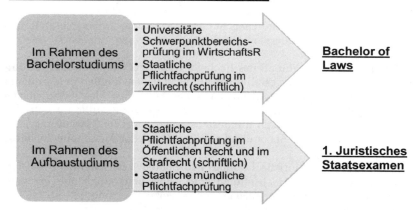

Dem Kritikpunkt, dass die Mannheimer Studierenden dadurch einen unzulässigen Vorteil erlangen, ist zweierlei zu entgegnen: Zum einen wird im Mannheimer Modell das Zivilrecht nicht parallel zum Öffentlichen Recht und Strafrecht gelesen, sondern vollständig vorher, so dass es eine Benachteiligung darstellen würde, dies erst im Examen zu prüfen. Zum anderen haben die Studierenden im Bachelor-Studium eine erhebliche Mehrbelastung zu tragen, da sie zahlreiche wirtschaftswissenschaftliche Fächer belegen und Prüfungen hierin ablegen müssen. Für diese Mehrbelastung ist ein wirksamer Ausgleich unabdingbar.

5. Zulassung und Studienbedingungen

Der Bachelor-Studiengang ist zulassungsbeschränkt und bewerbungspflichtig. Im Bewerbungsverfahren werden die Durchschnittsnote der Hochschulzugangsberechtigung, überdurchschnittliche Leistungen in den Schulfächern Mathematik, Deutsch sowie in der besten Fremdsprache oder BWL/VWL besonders berücksichtigt. Weitere Kriterien, die in die Bewertung einfließen, sind unter anderem: Berufsausbildung bzw. Berufserfahrung, besondere Vorbildungen oder besonderes außerschulisches Engagement, idealerweise jeweils mit juristischem Bezug.

Es stehen für das Bachelor-Studium pro Jahrgang 274 Studienplätze zur Verfügung.

Die weiterführenden und ergänzenden Studien im Straf- und Öffentlichen Recht zur Vorbereitung auf die Erste Juristische Prüfung sind nicht quantitativ zulassungsbeschränkt, stehen aber nur Absolventen des Bachelor-Studiengangs *Unternehmensjurist/in Universität Mannheim* offen, weil es sich zusammen mit dem Bachelor um einen durchgehenden gestuften Staatsexamensstudiengang handelt. Ein Wechsel (Zugang) von Absolventen anderer Hochschulen ist nicht möglich.

Die Vorlesungszeiten folgen dem international vorherrschenden Rhythmus mit einem Herbstsemester von September bis Dezember und einem Frühjahrssemester von Februar bis Juni.

6. Erste Erfahrungen

Die ersten Erfahrungen mit dem „Mannheimer Modell" fallen positiv aus. Im ersten Jahrgang des Bachelor-Studiengangs *Unternehmensjurist/in Universität Mannheim* haben 95 % der Studierenden nach der Mindeststudienzeit von nur sechs Semestern an den Staatsexamensklausuren im Zivilrecht teilgenommen und damit diese Voraussetzung für die Abschichtung erfüllt. Im Vergleich zu „normalen" Freiversuchsquoten in Baden-Württemberg von 15 bis 20 % ist dies ein hervorragender Wert, der den mit diesem Studiengang verbundenen Beschleunigungseffekt eindrucksvoll belegt. Zugleich können sich auch die Ergebnisse der Mannheimer Bachelor-Studierenden in den Staatsexamensklausuren im landesweiten Vergleich sehr gut sehen lassen.

Die ersten Erfahrungen zeigen aber auch, dass nur sehr wenige Studierende sogleich im Anschluss an das Bachelor-Studium den – von der Politik wohl gewünschten – Weg in die Berufspraxis suchen. Die große Mehrheit (etwa zwei Drittel) wählt die Fortsetzung des Studiums bis zum Staatsexamen, eine kleinere Gruppe (ca. 15 %) den Mannheimer LL.M.. Der Wunsch vieler Absolventen, weitere juristische Studien anzuschließen, zeigt damit zugleich das durch den Bachelor *Unternehmensjurist/in Universität Mann-*

heim geweckte Interesse der Studierenden an vertieftem juristischem Fachwissen. Qualifizierte juristische Beratung in der Unternehmenspraxis wird angesichts der Komplexität der juristischen Materie sicher auch in Zukunft mehr als nur ein Bachelor-Studium erfordern. Der regelmäßige Weg zum Staatsexamen oder Master ist damit vorgezeichnet.

Der Studiengang „Recht – Ius (LL.B.)"

Hans Paul Prümm

1. Was heißt überhaupt „akademische juristische Ausbildung"? – oder: Wer ist ein/e „JuristIn"?[1]

Versteht man unter der akademischen[2] juristischen Ausbildung und dementsprechend unter JuristInnen nur die an § 5 Abs. 1 DRiG orientierte Ausbildung und deren AbsolventInnen[3] oder fasst man die Begrifflichkeiten i. S. d. KMK-Beschlüsse als die akademischen Ausbildungen und deren AbsolventInnen mit mindestens 50 % Rechtsanteilen?[4]

Da „es sehr wohl einen großen Unterschied macht, bei welchem Namen wir die Dinge nennen",[5] muss sich die Eingrenzung des JuristInnen-Begriffs[6] auf die AbsolventInnen von Studiengängen i. S. d. Orientierung an § 5 Abs. 1 DRiG einige Fragen stellen lassen:

Schon sprachlich ist die Gleichung JuristIn = VolljuristIn nicht sonderlich gelungen[7], führt sie doch zur Ausblendung aller übrigen Professionen, die eine akademische juristische Ausbildung erfolgreich abgeschlossen haben, wie etwa die AbsolventInnen der Rechtspflegerstudienprogramme[8], die WirtschaftsjuristInnen i. S. d. der wirtschaftsjuristischen Studiengänge sowohl an Universitäten als auch an Fachhochschulen[9] oder die AbsolventInnen von LL.B.- und LL.M.-Studiengängen, deren es mittlerweile in Deutschland durchaus eine stattliche Zahl gibt. Auch Jura-UniversitätsprofessorInnen, die entsprechend den Vorgaben des § 44 HRG ein Jura-Studium, aber kein Referendariat durchlaufen haben müssen, würden nach dieser engen JuristInnenbeschreibung z. T. aus diesem Bedeutungsbereich

---

1 In Anlehnung an *Hans Paul Prümm*, Juristische akademische Grund-Ausbildung (auch) an Fachhochschulen, 2. Auflage, 2010, S. 5 f.
2 Zur nichtakademischen juristischen Ausbildung vgl. Justizministerium NRW: Rechtskunde, unter: http://www.justiz.nrw.de/JM/justizpolitik/rechtskunde/index.php [30.08.2012].
3 So zuletzt die BuFaTa Jura: http://bundesfachschaft.de/wp-content/files/BuFaTa_-_Beschlsse.pdf [30.08.2012].
4 Ländergemeinsame Strukturvorgaben für die Akkreditierung von Bachelor- und Masterstudiengängen, Beschluss der Kultusministerkonferenz vom 10.10.2003 i. d. F. vom 04.02.2010, A.6.
5 *Christopher Clark*, Preußen. Aufstieg und Niedergang 1600 – 1947, 2007, S. 105.
6 Es geht hier nur um den JuristInnen-Begriff im Kontext des deutschen Rechts; vgl. umfasser zu diesem Thema, *Rodolfo Sacco*, Einführung in die Rechtsvergleichung, 2001, Rn. 56 ff.
7 Siehe auch die Verwechslung des EuGH, Urteil vom 10. 12. 2009 – Rs C345/08 –, Rn 3, 23 und 42.
8 Siehe dazu *Ulrich Keller*, Wohin steuert der Rechtspfleger in einem modernen System der Rechtsberufe, RpflStud 2007, 161.
9 Zur 20. Jahrestagung der Vereinigung der Hochschullehrer für Wirtschaftsrecht an Fachhochschulen vgl. den gleichnamigen Bericht von *Michael Hakenberg*, NJW-aktuell 29/2010, 16.

herausfallen – so wäre einer der bekanntesten Juristen des 20. Jahrhunderts, Karl Larenz, kein Jurist in diesem Sinne, weil er sein Referendariat abgebrochen hat.[10] Last but not least wären auch die DiplomjuristInnen der DDR[11] keine JuristInnen.

Deshalb mag man allerhöchstens Personen, die zwei juristische Staatsexamina mit Erfolg bestanden haben, als VolljuristInnen bezeichnen[12] – wobei sich insofern einschränkende Beschreibungen finden wie „sogenannte Volljuristen"[13], „echte Volljuristen"[14] oder „umfassend wissenschaftlich vorgebildete und praktisch vorbereitete Juristen"[15] –, den Begriff der JuristInnen sollte man jedoch für die Personen benutzen, die ein juristisches Studium erfolgreich absolviert haben.[16] Dementsprechend bezeichnete sich eine Wirtschaftssenatorin des Landes Berlin, die zwar das erste, nicht jedoch das zweite juristische Staatsexamen absolviert hatte, als Juristin;[17] die Wirtschaft sucht auch „Jurist (m/w)", der/ die kein/e VolljuristIn sein muss.[18]

Ist damit plausibel, dass die Gleichung JuristIn = VolljuristIn nicht mehr haltbar ist, ist eine akzeptable Beschreibung des JuristInnen-Begriffs notwendig. Insofern bietet sich der schon angedeutete Rückgriff auf die neue akademische Nomenklatur in den ländergemeinsamen Strukturvorgaben der Kultusministerkonferenz (KMK) für die Akkreditierung von Bachelor- und Masterstudiengängen an:[19] Dort ist festgelegt, dass der akademische Titel LL.B. für solche Studienabschlüsse vergeben werden soll, in denen die Bedeutung der rechtlichen Fächer überwiegt. Somit können wir für unseren Zusammenhang JuristInnen beschreiben als Personen mit akademischen Abschlüssen in Studiengängen, in denen der Rechtsanteil überwiegt.

Es ist schon bemerkenswert, dass sich die an § 5 Abs. 1 DRiG orientierte juristische Ausbildung mittels einer Fußnote von diesem auf eine europaweit vergleichbare Studienstruktur angelegtem Modell verabschiedet. Die

---

10 *Bernd Hüpers*, Karl Larenz – Methodenlehre und Philosophie des Rechts in Geschichte und Gegenwart, 2010, S. 57.
11 Vgl. dazu *Hans Paul Prümm*, Diplomjuristen in der Verwaltung als Juristen vierter Klasse? NJ 1991, 353.
12 *Uwe Wesel*, Juristische Weltkunde. Eine Einführung in das Recht, 1984, S. 17.
13 Rektor der Friedrich-Schiller-Universität (Hrsg.), Universitäts-Jubiläum. Programm 2008, S. 28.
14 *Jens Jeep*, Die Reform der Juristenausbildung nach dem Koalitionsvertrag 2009. Den Herausforderungen des Bologna-Prozesses erfolgreich begegnen, RuP 2010, 71 (72).
15 *Thomas Pfeiffer*, Probleme alla bolognese: Juristenausbildung und Bologna, RW 2010, 104.
16 So auch *Ulrich Keller*, Fn. 8, S. 163.
17 Zur ihrerzeitigen Wirtschaftssenatorin des Landes Berlin, Juliane Freifrau von Friesen, siehe Christine Richter, Juristin, aber keine Volljuristin, Berliner Zeitung vom 07.07.2001, unter http://www.berlinonline.de/berliner-zeitung/archiv/.bin/dump.fcgi/2001/0707/none/0074/index.html [30.08.2012].
18 Vgl. etwa NJW-aktuell 20/2010, 40.
19 KMK, Fn. 4.

neuerliche, grundsätzliche Absage der Justizministerkonferenz (JuMiKo) im Jahre 2011 an eine Bologna-Orientierung der akademischen Ausbildung für die reglementierten juristischen Berufe[20] ist umso bedauerlicher, als gerade die Juristen im Mittelalter die ersten waren, die „aus ganz Italien und aus allen Ländern des christlichen Europas ... nach Bologna" strömten.[21]

2. Warum ein neuer juristischer Studiengang?[22]

Oft – und so auch in unserem Fall – ist das Brecht'sche „Etwas fehlt"[23] Ausgangspunkt für eine Innovation.

Die Fehler der bzw. Unzufriedenheit mit der an § 5 Abs. 1 DRiG orientierten juristischen Ausbildung hält zum einen junge Menschen von der Aufnahme dieses Studiums ab; dies hat kürzlich Hannelore Kraft, die Ministerpräsidentin und ehemalige Forschungsministerin von NRW offenbart: „Sie will Jura studieren, verzichtet aber darauf, da sie es ‚nicht leisten kann', am Ende womöglich zu scheitern, wie so viele Jurastudenten."[24]

Zum anderen führen die Fehler und Unzufriedenheit bei vielen Studierenden von einem an § 5 Abs. 1 DRiG orientierten Studiengang zu Verwerfungen, die sich bis hin zu Suizid(gefährdungen) steigern.[25]

Die Fehler und Unzulänglichkeiten im System des an § 5 Abs. 1 DRiG orientierten Studiums lassen sich zumindest in die folgenden vier Kategorien auflisten.

---

20 Konferenz der Justizministerinnen und Justizminister vom 18. – 19.05.2011: „Bei der Ausbildung für die reglementierten juristischen Berufe sind jedoch weiterhin zwei Staatsprüfungen und ein einheitlicher Vorbereitungsdienst unverzichtbar, um die hohe Qualität der Ausbildung auch in Zukunft zu gewährleisten", unter: http://www.justiz.nrw.de/JM/justizpolitik/jumiko/beschluesse/2011/fruehjahrskonferenz11/index.php [30.08.2012]; siehe dazu auch: Der Ausschuss der Konferenz der Justizministerinnen und Justizminister zur Koordinierung der Juristenausbildung: Bericht über Möglichkeiten und Konsequenzen einer Bachelor-Master-Struktur anhand unterschiedlicher Modelle einschließlich der berufspraktischen Phase unter Berücksichtigung des entwickelten Diskussionsmodells eines Spartenvorbereitungsdienstes (Stand 31.03.2011).
21 *Manlio Bellomo*, Europäische Rechtseinheit. Grundlagen und System des Ius Commune, 2005, S. 118.
22 Siehe dazu auch *Hans Paul Prümm/Marc Eckebrecht* (Hrsg.), Rechtswissenschaft (Ius LLB). Das Konzept, 2008, S. 8 ff.
23 *Bertolt Brecht*, Aufstieg und Fall der Stadt Mahagonny. Oper, in: *Ders.*, Gesammelte Werke 2, 1967, 8. Aufzug: „Aber etwas fehlt."
24 *Peter Dausend*, Beinahe Avantgarde, Die Zeit vom 15.04. 2010, 2.
25 Siehe dazu *Nell Bickel / Dirk Fabricius / Jana Lippmann / Mark Pawlytta / Jörg Preuss / Lais Schindzielorz*, Examiniertes Examen. Das Erste Juristische Staatsexamen – Interviews mit Prüflingen durch einen Prüfer und andere Texte, 2004.

2.1 Didaktische Gründe

Ca. 30 % der Studierenden i. S. d. § 5 Abs. 1 DRiG brechen ihr Studium ab;[26] über 80 % der verbleibenden Studierenden bereiten sich bei bezahlten Repetitorien[27] auf ihr Examen vor; ca. 30 % der Jura-ExaminandIinnen fallen im ersten Examen durch;[28] nur 20 % bestehen die erste Prüfung i. S. d. § 5 Abs. 1 DRiG mit vollbefriedigend und besser.[29]

2.2 Temporäre Gründe

Am liebsten sind UniversitätsprofessorInnen die Studierenden, die sich viel Zeit für ihr Studium nehmen.[30] Einen solchen Typ hat Peter Häberle so beschrieben: „Man studiert mit Gewinn eben gerade in Wien, um H. Kelsen kennenzulernen …. Man fährt nach Pisa, um die Schule von A. Pizzorusso zu studieren. Man lernt in Bologna, …. All dies droht im Bologna-Prozess verloren zu gehen."[31]

Dahinter steht immer noch die schon von Joseph von Eichendorff verbalisierte Geringschätzung der „Bettelstudenten … (die) bloß auf Brot studieren".[32] Allerdings hat kürzlich Gerhard Casper deutlich gemacht: „Schon immer, das sollten wir nicht vergessen, gingen die meisten Leute auf Universitäten, weil sie Jobs haben wollten. Einst gingen Studenten aus ganz Europa nach Bologna, um Jura zu studieren, um anschließend bei den verschiedenen Fürsten Anstellungen zu finden. Auch nach Paris, wo das Trivium … gelehrt wurde, ging man nicht nur der Gelehrsamkeit wegen, sondern um anschließend an den Höfen Jobs zu bekommen. Wir müssen da sehr vorsich-

---

26 *Herrmann Stephan*, Teure Zeitverschwendung. Bologna bringt für die Juristen nur Vorteile, FAZ vom 24.4.2008, 8, geht sogar von 50 % aus; vgl. auch die neue Gegenüberstellung der Studienabbruchquoten in der Fächergruppe Rechts-/Wirtschafts-/Sozialwesen an Universitäten (24 %) und Fachhochschulen (6 %) bei *Ulrich Heublein*, Von den Schwierigkeiten des Übergangs – Studienabbruch im Bachelorstudium, HIS Magazin 3/2012, 2 (3 f.).
27 Zur neuesten Version des OnlineRepetitors vgl. *Pinar Karacinar*, Jura lernen in Höchstgeschwindigkeit. Individuelle Begleitung auf dem Weg zum Examen, Justament 01/2008 unter: http://www.justament.de/pdf/Justament-01-2008.pdf [30.08.2012]; zur Singularität dieses Phänomens in Deutschland und Österreich *Bodo Pieroth*, Juristische Staatsexamina und Repetitorien im literarischen Zeugnis, NJW 2012, 725.
28 Bundesamt für Justiz, Übersicht über die Ergebnisse der staatlichen Pflichtfachprüfung im Jahre 2010 (neues Recht), http://www.bundesjustizamt.de/cln_349/nn_2103232/DE/Themen/Buergerdienste/Justizstatistik/Ausbildung/Ausbildungsstatistik2010,templateId=raw,property =publicationFile.pdf/Ausbildungsstatistik2010.pdf [30.08.2012].
29 *Paul Hauser / Felix Wendenburg*, Das (obere) Ende der Notenskala. Plädoyer für eine Reform des juristischen Benotungswesens, ZRP 2011, 18.
30 Siehe dazu plastisch *Rainer Zaczyk*, Rechtswissenschaft oder McLaw?, BRJ Sonderheft 1/2008 8, 1 (4 f.).
31 *Peter Häberle*, Pädagogische Briefe an einen jungen Verfassungsjuristen, 2010, S. 12.
32 *Joseph von Eichendorff*, Erlebtes (1866), in: Ders., Werke in vier Bänden, Vierter Band, 1981, S. 1489 (1517).

tig sein: Idealerweise sind Universitäten der Erforschung der Wahrheit und der Vermehrung des Wissens verhaftet – das gilt auch für die Studenten. Aber realistisch betrachtet, wollen die meisten Studenten natürlich vor allem Jobs haben."[33]

Nota bene: Auch Freiherr Joseph von Eichendorff studierte Rechtswissenschaften nicht um ihrer selbst willen, sondern bewarb sich nach Studium und Referendariat (erfolgreich) um eine Beamtenstelle in Preußen.

Dass man Rechtswissenschaften in sechs Semestern lernen kann, meinen – aus der letzten Zeit – nicht nur Barbara Dauner-Lieb und Andreas Schlüter[34] sowie der Präsident des nordrhein-westfälischen Landesprüfungsamtes, Richard Bühler;[35] die Humboldt-Universität Berlin spricht in der Begründung ihres Studiengangs „Europäischer Jurist" von den „durchaus bestehenden Einsparpotentiale(n) bei der deutschen Ausbildung".[36] Es sei – aus historischer Sicht – darauf hingewiesen, dass das rechtswissenschaftliche Studium im Rahmen der juristischen Staatsexamina in Preußen ursprünglich nur auf drei Jahre angesetzt war.[37]

Unabhängig davon, dass also insofern die vierjährige „Regelstudienzeit" des § 5a Abs. 1 DRiG als zu lang gilt, ist festzuhalten, dass die tatsächliche Studiendauer im Durchschnitt bei 11 Semestern liegt.[38]

Hier wird aus der Sicht der Promotoren des „Ius"-Studiengangs zu leichtfertig mit der Zeit der Studierenden umgegangen.

Dies hat durchaus auch handfeste materielle Hintergründe: Nach dem Motto „time is money" – und auf die Situation der Studierenden gemünzt – „study time is students money" würde eine solche Verkürzung der Studienzeit nicht nur dazu führen, dass das Studium selbst preiswerter würde, sondern auch, dass die Studierenden schneller in die Situation des Geldverdienens kommen könnten.

---

33 *Gerhard Casper*, „Mehr Wert auf Wissen legen!" Die Zeit vom 12.07.2012, 63.
34 *Andreas Schlüter / Barbara Dauner-Lieb* (Hrsg.), Neue Wege in der Juristenausbildung, 2010, S. 12.
35 *Richard Bühler*, Juristenausbildung im Bachelor/Master-System? Bologna und die Rechtswissenschaften in Deutschland, in: *Ludger Schrapper (Hrsg.)*, Ausbildung für die öffentliche Verwaltung. Zur Zukunft des öffentlichen Dienstes als Arbeitgeber, 2011, S. 49 (52 f.).
36 Humboldt European Law School, unter: http://www.european-law-school.eu/pages/de/diehels/programm.php [30.08.2012].
37 *Christian Hattenhauer*, Der Doktor – Ritter oder Schweinekastrierer? FAZ vom 27.03.2008; siehe auch *Ina Ebert*, Die Normierung der juristischen Staatsexamina und des juristischen Vorbereitungsdienstes in Preußen (1849 – 1934), 1995.
38 Bundesamt für Justiz, Übersicht über die Dauer des Studiums 2010 (Erste Juristische Prüfung – neues Recht), Fn. 28.

2.3 Basale Gründe
2.3.1 Allgemeines

Juristisches Denken, oder thinking as a lawyer, hat mit allen anderen Denkweisen, Fragestellungen oder Logiken immer dieselbe Lebenswirklichkeit gemeinsam. Dies ist auch der Sinn des Satzes von Ludwig Wittgenstein: „Die Welt ist alles, was der Fall ist."[39] Damit zeigt er auch die Möglichkeit und Notwendigkeit auf, jeden Fall, jeden Sachverhalt oder auch jeden Gegenstand unter einer Vielzahl von Sichtweisen zu betrachten, zu analysieren und zu bewerten. Dabei haben grundsätzlich alle diese Sichtweisen dieselbe Berechtigung.[40] Das ist der Sinn der funktionalen Differenzierung: Dass die Dinge je nach Sichtweise unterschiedlich gesehen und bewertet werden können.[41] Aus dem Prinzip[42] der technischen Effektivität,[43] der ästhetischen Schönheit,[44] der politischen Interessen,[45] der ökonomischen Effizienz,[46] der wissenschaftlichen Wahrheit[47] usw.

Wir müssen also in Anlehnung an Friedrich Nietzsche[48] die Kernfrage stellen: Was wollen wir überhaupt mit der akademischen Rechtsausbildung erreichen? Ist da „der Wille zur Rechtmäßigkeit" oder ein Wille zur Effektivität, Schönheit etc.?

---

39 *Ludwig Wittgenstein*, Tractatus logico-philosophicus (1918), 1984, S. 11.
40 *Armin Nassehi / Peter Felixberger*, Ein Anfang, Kursbuch 170 (2012), 4 (6).
41 *Arnim Nassehi*, Der Ausnahmezustand als Normalfall. Modernität als Krise, Kursbuch 170 (2012), 34 (38 f.).
42 Zu der folgenden Aufgliederung siehe auch *Stefan Schaltegger*, Einführung und normatives Umweltmanagement, in: *Ders.* (Hrsg.), Wirtschaftswissenschaften, 2000, S. 113 (119).
43 Vgl. *Günter Müller / Axel Gutenkunst / Klaus Singer*, Technischer Fortschritt unter ökonomischen und ökologischen Bedingungen mit Hilfe der Informations- und Kommunikationstechnologie, in: *Ulrich Steger* (Hrsg.), Handbuch des Umweltmanagements. Anforderungs- und Leistungsprofile von Unternehmen und Gesellschaft, 1992, S. 771 (772 f.).
44 Siehe dazu *Friedrich von Schiller*, Über die ästhetische Erziehung des Menschen in einer Reihe von Briefen (1795), in: *Ders.*, Sämtliche Werke, Band V, Erzählungen. Theoretische Schriften, 2004, S. 570.
45 *Jasmin Siri*, Die Krise organisieren. Parteien und das Politische. Kursbuch 170 (2012), 117 (120): „(D)ass es in der Politik nicht um die Wahrheit, sondern um Interessen geht."
46 *Günter Wöhe / Ulrich Döring*, Einführung in die Allgemeine Betriebswirtschaftslehre, 24. Aufl., 2010, S. 8: „Die *Effizienz*, d. h. das Verhältnis von wertmäßigem Output zu wertmäßigem Input, ist für den Ökonomen der *allein gültige Maßstab* zur Beurteilung betrieblicher Handlungen." (Hervorhebung im Original).
47 BVerfG, Urteil vom 29.05.1973 – 1 BvR 424/71 und 325/72 – BVerfGE 35, 79 (113): „Wissenschaftliche Tätigkeit, d. h. ... alles, was nach Inhalt und Form als ernsthafter planmäßiger Versuch zur Ermittlung der Wahrheit anzusehen ist."
48 *Friedrich Nietzsche*, Jenseits von Gut und Böse (1886), in: *Ders.*, Kritische Studienausgabe, Band 5, 1999, S. 9 (15): „Der Wille zur Wahrheit".

Was ist also das Spezifische der Rechtsarbeit? Wir können den Gedanken des „legal point of view" von Klaus F. Röhl[49] zur juristischen Fragestellung und Methodik ausweiten:
Es geht darum, die Studierenden in die Lage zu versetzen, für ein Problem unter juristischen Aspekten mittels juristischer Methoden eine Lösung zu finden.
Diese beiden Elemente machen den Kern der Rechtsarbeit aus. Nicht die Antworten auf Fragen nach der Wirtschaftlichkeit, der Schönheit oder der Liebenswürdigkeit, sondern die Antworten lege artis juridici auf die Frage nach der rechtlichen Richtigkeit.
Dabei stellt sich die rechtliche Richtigkeitsfrage im doppelten Sinne: nach der rechtsdogmatischen Richtigkeit und nach der Gerechtigkeit.

2.3.2 Grundlagenfächer ernstgenommen

Dieter Weber meint: „Der Vorteil des Universitätsstudiums liegt in der profunden klassischen Ausbildung mit Rechtsgeschichte, Rechtsphilosophie und den übrigen Grundlagenfächern."[50] Doch muss diese Aussage mit großer Skepsis betrachtet werden, spricht doch Thomas Huber nicht nur von der Krise der Rechtssoziologie in Deutschland, sondern auch von der Krise der Grundlagenfächer im Allgemeinen, also auch der Krise der Rechtsphilosophie und Rechtstheorie sowie der Rechtsgeschichte.[51]

Das In-den-Blick-Nehmen der Gerechtigkeit kommt in der an § 5 Abs. 1 DRiG orientierten Juristenausbildung zu kurz – oft wohl auch gar nicht vor –, weil sie sich realiter auf die Rechtsdogmatik kapriziert, und Rechtsethik[52] mit ihren wichtigen Beiträgen zur Gerechtigkeitsfrage nach wie vor als Orchideenfach gilt.[53] Darüber hinaus spielen auch Rechtsgeschichte und Rechtstheorie, die ja immer wieder als Grundlagenfächer der Rechtswissenschaft bezeichnet werden,[54] in der an § 5 Abs. 1 DRiG orientierten akademischen Ausbildung in praxi keine grundlegende Rolle – weshalb sie oft sich

---

49 *Klaus F. Röhl*, Die Wissenschaftlichkeit des juristischen Studiums, in: *Judith Brockmann/Jan-Hendrik Dietrich/Arne Pilniok* (Hrsg.): Exzellente Lehre im juristischen Studium. Auf dem Weg zu einer rechtswissenschaftlichen Fachdidaktik, 2011, S. 67 (75).
50 *Dieter Weber*, Was ist Recht? Ein Einführung für junge Juristen und andere Studienanfänger, 3. Aufl., 2006, S. 81.
51 *Thomas Huber*, Leserbrief, NJW 39/ 2007, XVI f.
52 Siehe dazu *Dietmar von der Pfordten*, Rechtsethik, 2. Aufl., 2011.
53 *Thomas Osterkamp / Thomas Thiesen*, Rechtsphilosophie – Orchideenfach oder juristische Grundausstattung? Ein Plädoyer für die Grundlagenfächer, JuS 2004, 657.
54 Siehe dazu *Hans Paul Prümm*, Warum juristische Grundlagenfächer im Ius-Studiengang so wichtig sind, dass sie Pflichtmodule sein müssen, LL.B. Zeitschrift des Ius Studiengangs (LL.B.) 1 (2011), 25.

gegenseitig ausschließende Bestandteile eines Wahlpflichtfach-Katalogs sind.[55]

Demgegenüber sind in „Ius" die Grundlagenfächer der Rechtswissenschaft und in der Rechtswissenschaft[56] Pflichtfächer – sie können weder abgewählt noch kompensiert werden: Jeder „Ius"-Bachelor muss also Kenntnisse und Fertigkeiten in Rechtsethik und -theorie, Rechtsgeschichte und Rechtssoziologie nachweisen.

2.3.3 Gegen eine frühzeitige juristische Spezialisierung

Der Ansatz des legal point of view behauptet nicht, dass juristische Entscheidungen ausschließlich unter juristischen Aspekten getroffen werden, sondern er postuliert den grundsätzlichen, intentionalen entscheidungsleitenden Einfluss dieser Sichtweise. Entsprechend dem jeweiligen Handlungsfeld – von familialen über soziale bis zu ökonomischen Bereichen – sind professionelle Kenntnisse dieser Komplexe für juristische Entscheidungen zwingende Voraussetzung.

Allerdings fragt es sich, ob die Koppelung etwa ökonomischer und juristischer Ziele und Methoden schon in einem Bachelorstudiengang nicht zu einer akademischen Unterbelichtung beider Sichtweisen führt.

Diesen Bedenken trägt der „Ius"-Studiengang Rechnung, indem er die Studierenden auf die juristische Sichtweise fokussiert.

2.4 Entscheidungstheoretische Gründe

Es gibt zumindest zwei Axiome, die für die Rechtsanwendung zu gelten scheinen:

„Government of laws and not of men"[57] und die Wichtigkeit des juristischen Syllogismus.[58] Diesen beiden Axiomen ist (selbst) Max Weber verfallen, als er die „Rationalisierung und Systematisierung des Rechts ... (sowie) die Berechenbarkeit des Funktionierens der Rechtspflege" als Spezifikum des okzidentalen Rechtssystems beschrieb.[59] Nicht erst, aber besonders

---

55 Vgl. etwa das Modul Grundlagen des Rechts des zur ersten Prüfung i. S. d. § 5 Abs. 1 DRiG führenden rechtswissenschaftlichen Studiums an der Humboldt Universität Berlin, unter: http://www.rewi.hu-berlin.de/sp/2008/gs/gf [30.08.2012].
56 Zu dieser Unterscheidung *Hans Paul Prümm*, Fn. 96, 26 f.; *Tobias Freudenberg / Monika Spiekermann*, Volljurist noch voll im Trend?, NJW-aktuell 15/2012, 14, meinen dagegen, wenn sie vom Grundlagenwissen sprechen, die rechtsdogmatischen Grundlagen.
57 Art. XXX Constitution of Massachusetts aus dem Jahre 1780; allerdings spricht *Christian Meier*, Die griechisch-römische Tradition, in: *Hans Joas/Klaus Wiegandt* (Hrsg.): Die kulturellen Werte Europas, 2005, S. 93 (106) vom „Glaube(n) an die Möglichkeit der Herrschaft der Gesetze." (Hervorhebung H. P. P.)
58 Siehe dazu *Gottfried Gabriel/Rolf Gröschner* (Hrsg.), Subsumtion: Schlüsselbegriff der Juristischen Methodenlehre, Tübingen 2012.
59 *Max Weber*, Wirtschaft und Gesellschaft. Grundriss der verstehenden Soziologie (1922), 5. Aufl., 1972, S. 505.

deutlich hat Arthur Kaufmann dieses idealtypisch-logische Rechtsanwendungsmodell verworfen.[60]

Man kann sich für die Rechtsarbeit durchaus die Hegel'sche Differenzierung zwischen dem natürlichen und dem reflektierenden Bewusstsein zu Nutze machen[61]: Das natürliche oder Alltagsbewusstsein beschäftigt sich mit der Rechtsanwendung in sog. soft cases. Das reflektierende Bewusstsein ist bei hard cases gefragt, wenn also ein Konflikt innerhalb des Rechtssystems oder gar zwischen dem Rechtssystem und höherrangigem Recht i. S. d. Radbruch'schen Formel[62] aufbricht.

Dabei muss man sich darüber klar sein, dass das natürliche oder Alltagsbewusstsein für die alltägliche Praxis ein durchaus praktikables Instrumentarium bietet,[63] dass jedoch diese eingefahrenen Vorgehensweisen in problematischen Konstellationen einer reflexiven Kontrolle bedürfen. Immanuel Kant dreht die Relationen etwas um, meint aber dasselbe, wenn er formuliert: „Man muss doch nicht immer spekulieren, sondern auch einmal an die Ausübung denken."[64]

Aber dieses Spekulieren im Kant'schen Sinne müssen wir den Studierenden ebenso beibringen wie die realen Umstände – von den Interessen der Beteiligten über die Vorurteile der RechtsentscheiderInnen –, die eine juristische Entscheidung (mit)beeinflussen.[65]

---

60 *Arthur Kaufmann*, Das Verfahren der Rechtsgewinnung. Eine rationale Analyse. Deduktion. Induktion. Abduktion. Erkenntnis. Dezision. Macht, 1999, S. 72 ff.
61 *Georg Wilhelm Friedrich Hegel*, Phänomenologie des Geistes (1807), in: *Ders.*, Werke in zwanzig Bänden, 3, 1974, S. 72 ff.
62 BVerfG, Beschluss vom 24.10.1996 – BvR 1851, 1853, 1875 und 1852/94 – BVerfGE 95, 96 (141 f.): Das BVerfG „hat in Betracht gezogen, daß in Fällen eines unerträglichen Widerspruchs des positiven Rechts zur Gerechtigkeit der Grundsatz der Rechtssicherheit geringer zu bewerten sein kann als der der materiellen Gerechtigkeit. Es hat dazu auf die Ausführungen von Gustav Radbruch ..., insbesondere die sogenannte Radbruch'sche Formel, Bezug genommen ... . Dabei hat es mehrfach betont, daß eine Unwirksamkeit des positiven Rechts auf extreme Ausnahmefälle beschränkt bleiben muß und eine bloß ungerechte, nach geläuterter Auffassung abzulehnende Gesetzgebung durch das auch ihr innewohnende Ordnungselement noch Rechtsgeltung gewinnen und so Rechtssicherheit schaffen kann ... . Indessen habe gerade die Zeit nationalsozialistischer Herrschaft gezeigt, daß der Gesetzgeber schweres ‚Unrecht' setzen könne ... und deshalb einer Norm wegen unerträglichen Widerspruchs zur Gerechtigkeit von Anfang an der Gehorsam zu versagen sei."
63 Ich zitiere diesbezüglich *Lawrence M. Friedmann*, American Law. An Introduction, 2. Aufl., 1998, S. 94: „Thousands of cases are handled every day in court that a clerk could dispatch, or a well-made machine".
64 *Immanuel Kant*, Vorlesungen über die philosophische Enzyklopädie (1775), zitiert nach: *Christoph Ammann/Barbara Bleisch/Anna Goppel*, Zur Moral der Ethiker. Einleitende Gedanken, in: *Dies.* (Hrsg.): Müssen Ethiker moralisch sein? Essays über Philosophie und Lebensführung, 2011, S. 9 (12).
65 Nach wie vor grundlegend: *Josef Esser*, Vorverständnis und Methodenwahl in der Rechtsfindung. Rationalitätsgrundlagen richterlicher Entscheidungsfindung, 1972; siehe aus neuerer

3. Warum „Recht – Ius"?

Von den möglichen Bezeichnungen (Rechtsarbeit, Rechtswissenschaft/en, Recht/e, Ius / Iura oder L.B. / LL.B.) erschien der Begriff der „Rechtsarbeit" analog zu dem der Sozialarbeit zwar eigentlich sehr passend, jedoch (auch unter Marketingaspekten) zu erklärungsbedürftig.

Die „Rechtswissenschaft/en" kamen deshalb nicht in Betracht, weil selbst der Plural für die Bezeichnung der Studieninhalte zu eng ist, denn mit der Praxis und den Schlüsselqualifikationen/Sozialkompetenzen vermitteln wir den Studierenden eben mehr als nur Rechtswissenschaft/en.

Die englischsprachigen Begrifflichkeiten hielten wir für die Bezeichnung eines grundsätzlich am deutschen Recht orientierten Studiengangs für nicht angebracht.

Von den noch verbleibenden Bezeichnungen haben wir den pluralen Begriff der „Rechte" verworfen, weil es im heutigen deutschen Recht keine zwei Rechtsordnungen gibt – im Gegensatz zu England (common law und equity)[66] oder dem Mittelalter (ius canonicum und ius civile).

4. Warum „Ius" an einer Fachhochschule?

4.1 Allgemeines

Die Fragestellung ist nicht neu: So diskutierten bereits 1993 Lothar Zechlin und Rolf Knieper über die Juristenausbildung an Fachhochschulen[67]; Roland Schmidt titelte 2001 „Juristenausbildung an Fachhochschulen";[68] Hans Peter Bull warnte 2002 vor der „Fachhochschule für Rechtskunde";[69] 2006 plädierte der Präsident der Deutschen Forschungsgemeinschaft (DFG), Ernst-Ludwig Winnacker, für die Verlagerung des Jura-Studiums an die Fachhochschulen;[70] Barbara Dauner-Lieb und Andreas Schlüter behalten

---

Zeit auch *Peter Stegmeier*, Wissen, was Recht ist. Richterliche Rechtspraxis aus wissenssoziologisch-ethnographischer Sicht, 2008.

66 Das erklärt auch den LL.B. – in Deutschland müsste die Bezeichnung eigentlich L.B. (so in der Schweiz, unter: http://www.fernuni.ch/studiengaenge/recht/blaw/ [30.08.2012]) lauten. Wegen der Vorgaben der KMK, Fn. 46, müssen wir jedoch den akademischen Titel LL.B. verleihen.

67 *Lothar Zechlin*, Juristenausbildung an die Fachhochschulen?, KJ 1993, 75; *Rolf Knieper*, Juristenausbildung an Fachhochschulen?, KJ 1993, 77.

68 *Roland Schmidt*, Juristenausbildung an Fachhochschulen. Erfahrungen und Perspektiven, 2001.

69 *Hans Peter Bull*, Von der Rechtswissenschaftlichen Fakultät zur Fachhochschule für Rechtskunde, JZ 2002, 977.

70 Die Zeit vom 19. 10. 2006, S. 43.

dagegen ihr juristisches Bachelor-Modell den Universitäten vor;[71] Jens Jeep siedelt sein Konzept an „Universitäten und Fachhochschulen" an.[72]

4.2 Identische Ausbildungsaufgaben von Fachhochschulen und Universitäten

Spätestens seit dem Beschluss des BVerfG vom 13.04.2010, ist geklärt, dass „die wesentlichen Aufgaben und Ausbildungsziele ... für alle Hochschularten einheitlich normiert" sind.[73] Dies wurde zwar erst kürzlich von dem Präsidenten der Hochschulrektorenkonferenz (HRK) in Abrede gestellt;[74] jedoch dürfte es sich dabei um Störfeuer handeln, das wohl selbst in der HRK nicht mehrheitsfähig ist.[75]

4.3 Didaktische Superiorität der Fachhochschulen

Obwohl nun auch an Universitäten und infolge des didactic turn[76] auch an juristischen Universitätsfakultäten die Lehre einen höheren Stellenwert bekommt,[77] sind insofern die Fachhochschulen den Universitäten immer noch überlegen,[78] was auch von UniversitätsprofessorInnen explizit anerkannt wird: Klaus F. Röhl etwa spricht davon, dass „die Fachhochschulebene ... sich bei den didaktischen Anstrengungen einen Vorsprung erarbeitet" hat.[79]

---

71 *Andreas Schlüter / Barbara Dauner-Lieb* (Hrsg.), Fn. 34, S. 22; so auch die Bundesrechtsanwaltskammer in ihrer Pressemitteilung vom 15. 6. 2007, unter: http://www.brak.de/fuer-journalisten/pressemitteilungen-archiv/2007/presseinformation-19-2007/ [30.08.2012].
72 *Jens Jeep*, Fn. 14, S 79.
73 BVerfG, Beschluss vom 13. 4. 2010 – 1 BvR 216/07 – Rn. 44, unter ausdrücklicher Aufgabe der früheren Rspr. (Rn. 45), unter: http://www.bundesverfassungsgericht.de/entscheidungen/rs20100413_1bvr021607.html [30.08.2012]; siehe dazu Hans-Wolfgang Waldeyer, Die Professoren der Fachhochschulen als Träger des Grundrechts der Wissenschaftsfreiheit, NVwZ 2010, 1279; *Arno Pautsch*, Promotionsrecht für Fachhochschulen: nunmehr verfassungsgemäß? NVwZ 2012, 674 (675 f.).
74 *Horst Hippler*, „Eine Universität muss mehr leisten als Ausbildung, nämlich Bildung. Das tut sie mit dem Bachelor nicht." in: *Andreas Clasen*, „Eine unzulässige Verkürzung". Horst Hippler, Präsident der Hochschulrektorenkonferenz, hat die Bologna-Reform kritisiert. Jetzt regt sich heftiger Widerstand, Die Zeit, 30.08.2012, 77.
75 *Andreas Clasen*, Fn. 74.
76 Siehe dazu *Hans Paul Prümm*, The didactic turn of German legal methodology, Jurisprudencija/Jurisprudence 2011, 18 (4), S. 1233; *ders.*: Die didaktische Wende der deutschen Rechtsmethodik, Rechtslehre. Jahrbuch der Rechtsdidaktik 2011, 21.
77 *Hans Paul Prümm*, Editorial, Rechtslehre. Jahrbuch der Rechtsdidaktik 2011, 7 (7 f.) m. w. N.
78 Siehe dazu *Hans Paul Prümm*, Beiträge der Fachhochschulen für den öffentlichen Dienst zur didaktischen Weiterentwicklung der Rechtswissenschaft, in: *Ders. / Denis Kirstein* (Hrsg.), Aus- und Weiterbildung in einer Hand – Spezifische Fachdidaktiken und Weiterbildungstools an den FHöD. Redebeiträge und Thesen des 22. Glienicker Gesprächs 2011, 2011, S. 43.
79 *Klaus F. Röhl*, RSOZBLOG.de, unter: http://www.rsozblog.de/?p=150 [30.08.2012].

Dies ist für die Rechtswissenschaft vor allem deshalb so wichtig, weil, wie es Wolfgang Ernst formuliert, „(f)ür die Jurisprudenz ... die akademische Lehre keine forschungsakzessorische Nebensache (ist), sondern geradezu fachkonstituierend. Die Rechtswissenschaft hat daher auch einen spezifischen Ort: die (universitäre: H. P. P.) juristische Fakultät".[80]

Aus der studentischen Sicht wird dies von Bob Lingard so beschrieben: „I would also note that for most undergraduate students the teaching and assessment practices, alone with curriculum content, are what they see as the university."[81]

Allerdings bleibt festzustellen, dass eben die von Wolfgang Ernst quasi zu Gralshütern der akademischen juristischen Lehre stilisierten universitären juristischen Fakultäten diesem Auftrag nur bedingt nachkommen.[82]

4.4 Fachhochschulen verändern das rechtswissenschaftliche Gesamtbild

In Kenntnisnahme der zunehmenden Anzahl juristischer Studiengänge an anderen Einrichtungen als an Universitäten konzediert Wolfgang Ernst, dass andere juristische Ausbildungseinrichtungen wie Fachhochschulen oder private law schools „das Gesamtbild der Jurisprudenz verändern."[83]

Im Vorgriff auf diese Erkenntnis meinte der Universitätsprofessor und Richter am BVerfG, Ernst-Wolfgang Böckenförde, 1999: „Die verbreitete Abwehrhaltung der Rechtsfakultäten gegen die Verlagerung gewisser Studiengänge und Qualifikationsmöglichkeiten an die Fachhochschulen bedarf ohnehin einer Überprüfung."[84]

Die Rechtswissenschaft wird nicht durch gegenseitiges Diffamieren oder durch Nichtbeachtung der Tätigkeiten und Ergebnisse der jeweils anderen Bildungseinrichtung vorangebracht, sondern nur durch konstruktives Zusammenarbeiten der juristischen Universitätsfakultäten und der fachhochschulischen rechtswissenschaftlichen Einheiten.

---

80 *Wolfgang Ernst*, Gelehrtes Recht – Die Jurisprudenz aus der Sicht des Zivilrechtslehrers –, in: *Christoph Engel / Wolfgang Schön* (Hrsg.), Das Proprium der Rechtswissenschaft, 2007, S. 3 (8).
81 *Bob Lingard*, University Teaching: some considerations. Paper for ID-E Berlin, International Dialogue on Education, 15. October, 2007, S. 3.
82 Siehe auch die Kritik des Vizepräsidenten des VG Berlin, Hans-Peter Rueß, in: *Hans Paul Prümm / Marc Eckebrecht* (Hrsg.), Fn. 22, S. 132.
83 *Wolfgang Ernst*, Fn. 80.
84 *Ernst-Wolfgang Böckenförde*, Juristenausbildung – auf dem Weg ins Abseits?, in: *Dieter Strempel* (Hrsg.), Juristenausbildung zwischen Internationalität und Individualität, 1999, S. 63 (81).

5. Inhalte von „Ius"

5.1 Das Curriculum

Hier soll das Curriculum von „Ius" anhand der Anlage zur einschlägigen Studienordnung präsentiert werden:[85]

Sem.	Module	Thema	Einzelheiten
1.	1	Einführung in die RW und das wissenschaftliche Arbeiten	
			Die RW und ihre Teildisziplinen, Wissenschaft und Praxis, Wissenschaftliche Methoden, Methoden und Techniken des geistigen Arbeitens, Präsentation
	2	Grundlagen der RW	
			Philosophisch-ethische Grundlagen
			Europäische Rechtsgeschichte
			Politische Grundlagen
			Soziale Grundlagen
			Ökonomische Grundlagen
			Rechtstheorie
	3	Einführung in das Zivilrecht	
			Grundlehren des Bürgerlichen Rechts (BGB – AT)
	4	Einführung in das Öffentliche Recht	
			Grundlagen des Staates und des Staatsrechts
	5	Einführung in das Sanktionsrecht	
			Grundlehren des Strafrechts (StGB – AT)
	6	Legal Teamwork	Kleingruppen: Arbeitsgemeinschaften zu den Einführungsveranstaltungen der Hauptfächer:
			Zivilrecht
			Öffentliches Recht
			Strafrecht

---

85 Die Modulbeschreibungen samt Begründungen findet man bei *Hans Paul Prümm / Marc Eckebrecht* (Hrsg.), Fn. 22, S. 43 ff.

Sem.	Module	Thema	Einzelheiten
2.	7	Soziale Kompetenzen I	
			Interdisziplinäre Schlüsselqualifikation Rhetorik, Verarbeitung elektronischer Fachinformationen, Mediation, Konfliktmanagement
	8	Zivilrecht II	
			Bürgerliches Recht – Grundlehren des Schuldrechts – Familien- und Erbrecht
	9	Grundrechte	
			Grundrechte und ihre Durchsetzung
	10	Sanktionsrecht II	
			Strafrechtsdogmatik Allgemeiner Teil des StGB
	11	Legal Linguality	
			Fremdsprachen für Juristen
3.	12	Zivilrecht III	
			– Schuldrecht (Bes. Teil – BGB) Vertragliche Schuld-Verhältnisse. Außervertragliche Schuldverhältnisse – Arbeitsrecht – Grundzüge – Handels- u. Gesellschaftsrecht – Grundzüge
	13	Allgemeines Verwaltungsrecht	
			Organisation der Verwaltung, Formen und Instrumente des Verwaltungsrechts
	14	Sanktionsrecht III	
			Elementarstrafrechtsschutz StGB BT Ausgewählte Delikte
	15	Supra- und internationales Recht	
			EU-Recht
			Völkerrecht
	16	Grundlagen der RW (Vertiefung)	
			– Methodenlehre – Rechtsphilosophie (Rechtsethik/Rechtstheorie)
	17	Projekt	
4.	18	Praktikum	
5.	17	Projekt (Fortsetzung)	
	19	Zivilrecht IV	

Sem.	Module	Thema	Einzelheiten
			Sachenrecht einschl. Kreditsicherungsrecht, Haushalts- und Vergaberecht, Privatisierung und Verstaatlichung, Handels- u. Gesellschaftsrecht – Vertiefung
	20	Sicherheits- und Ordnungsrecht	
			Allgemeines Sicherheits- und Ordnungsrecht (SOR), Besonderes SOR
	21	Recht der kommunalen Selbstverwaltung	Kommunalverfassung, Kommunales Haushaltsrecht
	22	Juristische Falllösungsfähigkeit	
			Europa-, Staats-, Zivil-, Verwaltungs- und Strafrecht in der Praxis
	23	Kautelarrecht	
			Vertragsgestaltung
			Formulierung von allgemeinen Bestimmungen
	24	Repetitorium	
			Zivilrecht Öffentliches Recht Strafrecht
6.	25	Thesiskolloquium	
		Bachelorarbeit	
	26	Soziale Kompetenzen II	
			Teamfähigkeit, Führungsfähigkeit, Konfliktfähigkeit, Verhaltens- und Gruppentraining, Bewerbungstraining
		Mündliche Prüfung	

5.2. Einzelheiten

Das Curriculum enthält i.W. das klassische rechtsdogmatische Spektrum, ergänzt um die nichtdogmatischen Elemente i. S. d. § 5a Abs. 2 und 3 DRiG: rechtswissenschaftliche Methoden, philosophische, geschichtliche und gesellschaftliche Grundlagen sowie Schlüsselqualifikationen. Insofern sind die Module für JuristInnen sozusagen selbsterklärend.

Erläutert werden sollen deshalb nur die Module 1, 2, 16, 17, 18 und 25.

In Modul 1 machen wir damit ernst, dass wir die Studierenden da abholen, wo sie stehen. Wir beklagen nicht einfach, dass sie teilweise nicht in der Lage sind, nicht ganz einfache Texte zu verstehen oder nicht schreiben zu können,[86] sondern wir führen sie anhand ausgewählter Texte und entsprechender Vorarbeiten in der Lehrveranstaltung an schwierige Texte sowie die Methodik und Technik des wissenschaftlichen Arbeitens heran. In den Modulen 2 und 16 müssen sich die Studierenden mit den Grundlagen der Rechtswissenschaft auseinandersetzen. Natürlich wird sofort der Einwand kommen, dass dies zu wenig sei. Aber es gilt der Grundsatz: besser wenig als gar nichts. Auch die universitäre Ausbildungsliteratur reagiert mittlerweile entsprechend, wenn etwa Julian Krüper ein Sammelwerk „Grundlagen des Rechts" mit knapp 300 Seiten herausgibt;[87] dies markiert die Abkehr von dem Glauben, dass „normale" Studierende sich mit Lehrbüchern der Rechtsgeschichte, Rechtsmethodik, Rechtsphilosophie und Rechtssoziologie mit einem Umfang von insgesamt über 1000 Seiten[88] beschäftigen – da diese Gegenstände in den an § 5 Abs. 1 DRiG orientierten Studiengängen nur in sehr geringem Umfang geprüft werden, tun sie dies eben nicht.

Das Projektmodul (17), das sich über zwei Semester erstreckt, bringt die Studierenden dazu, zusammen mit KommilitonInnen eine bestimmte Problematik „tief zu bohren".

Modul 18 ist das Praxismodul. Hier müssen die Studierenden für ein Semester in einer juristisch relevanten Stelle die Anwendung des bisher Gelernten praktisch einüben und weiterentwickeln. Damit löst „Ius" das doppelte Versprechen des Praxisbezugs der Rechtwissenschaft und der Fachhochschulen ein. Insofern muss man sich verdeutlichen, dass der Vizepräsident der Universität Potsdam davon spricht, dass „die Universitäten mit der Integration von berufspraktischen Phasen in das Studium allergrößte Mühe" haben.[89] Für eine dermaßen praxisbezogene Wissenschaft wie die Rechtsdogmatik darf dies aber ernsthaft kein Hindernisgrund für die Integration von Praxisphasen in das Studium sein. Und dass es geht, zeigt eben „Ius": In das Praktikum führt eine praktikumsvorbereitende LV ein; während des Praktikums werden die Studierenden vor Ort von DozentInnen besucht, um zu checken, ob das Praktikum die erhofften Kompetenzen vermittelt; den Abschluss bildet eine praktikumsnachbereitende LV, auf der die Studierenden ihre Praxiserfahrungen präsentieren.

---

86 Siehe dazu *Constantin Körner*, „Teilweise eklatante Rechtschreibfehler und mangelhafte Grammatik, LTO vom 23.08.2012.
87 *Julian Krüper* (Hrsg.), Grundlagen des Rechts, 2011; ähnlich, wenngleich mit anderer Schwerpunktsetzung: *Olaf Muthorst*, Grundlagen der Rechtswissenschaft: Methode, Begriff, System, 2011.
88 „Getoppt" wird dies durch die über 1500 Seiten dicke „Einladung zur Rechtstheorie" von *Walter R. Schluep* aus dem Jahre 2006; welche Studierenden sollen sich davon eingeladen fühlen?
89 *Thomas Grünewald*, Den Arbeitsmarkt im Blick, Portal. Das Potsdamer Universitätsmagazin 1–3/08, 14 (15).

Es mutet schon etwas pikant an, dass die an § 5 Abs. 1 DRiG orientierten Abschlussprüfungen keine Hausarbeiten beinhalten, während die „Ius"-AbsolventInnen in der Bachelorthesis (Modul 25) nachweisen müssen, dass sie in der Lage sind, innerhalb einer vorgegebenen Frist eine Problemstellung wissenschaftlich zu bearbeiten (§ 15 Abs. 1 PrüfO/Recht[90]).

6. Didaktische Vorgaben und Instrumente von „Ius"

6.1. Bologna-Vorgaben

Die ursprünglich als soft law eingeführten Bologna-Vorgaben sind in ihren tragenden Teilen mittlerweile in die Landes-Hochschulgesetze überführt:[91]
– Gestufte Studienstrukturen mit international gültigen Bachelor- und Masterabschlüssen
– Einheitliche Leistungspunktssysteme
– Aufgliederung der Studiengänge in Module, die jeweils mit einer Prüfung enden
– Verkürzung der Studiengänge.

Dieser didactic turn ist zwischenzeitlich auch verfassungsrechtlich angekommen: „Im teleologischen Vordergrund des Freiheitsversprechens (scil. des Art. 5 As. 3 GG) steht heute ... der Lernende."[92]

Er findet seine konkreten Ausgestaltungen in „Ius" vor allem darin, dass alle Module mit einer erfolgreich zu absolvierenden Prüfung abgeschlossen werden müssen. D. h., dass wir im Rahmen von „Ius" jedes Modul, die rechtsdogmatischen wie die Grundlagenmodule, für so wichtig halten, dass ohne belastbares Wissen in diesen Bereichen das „Ius"-Studium nicht erfolgreich absolviert werden kann.

6.2. Didaktische Instrumente

Natürlich bedienen wir uns des gesamten Instrumentariums von blended learning and teaching. Die/das Präsenzlehre/-lernen findet grundsätzlich in der Form des seminaristischen Unterrichts, also in Lerngruppen von ca. 40 Studierenden, statt.

---

90 Unter http://www.hwr-berlin.de/fileadmin/downloads_internet/Mitteilungsblaetter/2010/Mitt 2010_02.pdf [30.08.2012].
91 Siehe dazu *Gerhard Wiegleb*, Bologna-Reform – Anspruch und Wirklichkeit, in: *Walther Ch. Zimmerli / Lothar Knopp* (Hrsg.), Freiheit von Kunst und Wissenschaft, Forschung und Lehre – was heißt das nach Bologna? Tagungsband im Rahmen der Festwoche 20 Jahre BTU Cottbus, 2012, S. 105, sowie Bundesministerium für Bildung und Forschung, Zukunftstauglichkeit dank Bologna. Pressemitteilung vom 08.08.2012.
92 *Ann-Katrin Kaufhold*, Wissenschaftsfreiheit als ausgestaltungsbedürftiges Grundrecht? NJW 2010, 3276 (3278).

Alle Module sind Pflichtveranstaltungen, allerdings herrscht i. d. R. keine Anwesenheitspflicht,[93] da wir davon ausgehen, dass die Studierenden grundsätzlich selbst die für sie optimale Lernformen finden und benutzen sollen.

Insofern kommt dem Modul 1 eine besondere Bedeutung zu, weil wir die Studierenden hier auch in die Methoden und Techniken des geistigen Arbeitens einführen und – da Studierende immer wieder mit Zeitproblemen zu kämpfen haben[94] – Ihnen Zeitmanagement vermitteln. Außerdem geben wir den Studierenden in diesem Einführungsmodul gezielte Lesehinweise, die auch in der Klausur abgefragt werden.

Hier ein Beispiel:

(1) Im Rahmen der wissenschaftlichen Methodik wird auch auf erkenntnistheoretische Probleme und die Einschätzungen von Philosophen eingegangen, die von absoluten „Wahrheiten" und deren Erkennbarkeit ausgehen.

(2) Zum Lesen empfohlen wird Hans Paul Prümm: Erkenntnistheorie und Rechtsentscheidung in der Öffentlichen Verwaltung, VR 2007, 340 bis 348.

(3) In der Klausur lautet die entsprechende Frage: „Worin liegen die erkenntnistheoretischen Gemeinsamkeiten von Plato, Origines und Marx?"

Neben der hochschulüblichen Evaluation der Lehrveranstaltungen auf der Grundlage des § 8a Abs. 1 BerlHG treffen sich in jedem Semester die jeweiligen DozentInnen und Studierenden, um Defizite und mögliche Fehlentwicklungen aufzudecken, zu diskutieren und abzustellen.

7. Entwicklungen um „Ius"

7.1 Überblick

Ein Studiengang kann nicht für sich alleine betrachtet werden, sondern er wurde und wird in einem organisatorischen, personalen und strukturellen Umfeld (weiter)entwickelt, das er aber auch seinerseits beeinflusst. Dies soll für „Ius" anhand einiger Einzelheiten belegt werden.

7.2 Einzelheiten

7.2.1 Berlin Law School

Um die juristischen und die verwaltungsbezogenen Studiengänge des Fachbereichs 1/3 der FHVR Berlin/HWR Berlin[95] jeweils besser koordinieren zu

---

[93] Kritisch zur Anwesenheitspflicht *Joybrato Mukherjee*, in: *Andreas Clasen*, Fn. 74.

[94] Sei es, dass sie den workload ihrer Lehrveranstaltungen nicht ausschöpfen oder Probleme mit der Einhaltung von Fristen bei der Abgabe von Hausarbeiten oder der Präsentation haben.

[95] Zur Fusion beider Hochschulen siehe *Hans Paul Prümm*, Premiere in Deutschland: Die akademische Ausbildung des gehobenen Polizeivollzugsdienstes des Landes Berlin in einer allgemeinen Hochschule, Die Polizei 2009, 195.

können und den Studierenden ein jeweiliges Dach für ihre Studiengänge zu bieten, haben wir den Fachbereich in eine „Berlin Public Administration School" und eine „Berlin Law School" aufgegliedert und beide Bezeichnungen bei dem Harmonisierungsamt für den Binnenmarkt in Alicante schützen lassen.[96] Dies ist auch aus studentischer Sicht – bewusstseins- und imagebildend – von großer Relevanz.

7.2.2 Vereinigung Deutscher Rechtslehrender
Dem didaktischen Impetus des „Ius"-Studiengangs ließen wir letztlich auf der Grundlage unmittelbarer einschlägiger Erfahrungen des Verfassers anlässlich eines Forschungsaufenthaltes in Australien die Gründung der „Vereinigung Deutscher Rechtslehrender" (VDRL) als einer zivilgesellschaftlichen Organisation zur Beförderung der Rechtsdidaktik folgen.[97]

7.2.3 Rechtslehre. Jahrbuch der Rechtsdidaktik
Um eine langfristige Vernetzung der diversen rechtsdidaktischen Ansätze und Erkenntnisse in Deutschland zwischen den verschiedenen akademischen Einrichtungen zu fördern, wurde die Zeitschrift „Rechtslehre. Jahrbuch der Rechtsdidaktik" im Berliner Wissenschaftsverlag herausgegeben, deren Band 1 im August 2012 erschienen ist.

7.2.4 Bachelor Basics
Einer „Ius"-spezifischen fallbezogenen Ausbildung jenseits der Lehrveranstaltungen dient die von Marc Eckebrecht in Kooperation mit der Berlin Law School (BLS) herausgegebene Reihe „Bachelor Basics".

7.2.5 Iura link
Seit Februar 2009 wird der Iura link BGB-Trainer unter der Projektleitung von Marc Eckebrecht im Rahmen der BLS weiterentwickelt, um die digitalen Instrumente in der Rechtsdidaktik einzusetzen und voranzubringen.[98]

7.2.6 Lichtenberger Rechtgespräch – Recht gegen Rechts
Da Berlin-Lichtenberg ein Zentrum rechtsextremistischer Aktivitäten ist und wir unseren Studierenden zeigen wollen, dass auch die juristische Lehre und Wissenschaft etwas gegen dieses quasi räumlich fassbare Phänomen des Rechtsextremismus unternehmen können, haben wir das „Lichtenberger Rechtsgespräch – Recht gegen Rechts" installiert, zu dem wir prominente Experten einladen, unter verschiedenen rechtlichen Aspekten

---

[96] Siehe für die BLS: http://oami.europa.eu/CTMOnline/RequestManager/de_Result_NoReg [30.08.2012].
[97] Siehe Einzelheiten unter www.vdrl.eu [30.08.2012].
[98] Siehe dazu *Werner Unger*, Ansichtssache Recht – Concept Maps für juristisches Lernen und Lehren, Rechtslehre. Jahrbuch für Rechtsdidaktik 2011, 175 (196).

(sicherheitsrechtlich[99], rechtsethisch[100] oder rechtspolitisch[101]) Strategien gegen den Rechtsextremismus vorzustellen und mit den Studierenden zu diskutieren.

7.2.7 LL.B. Zeitschrift des „Ius"-Studiengangs

In der von „Ius"-Studierenden unter Mitwirkung von ProfessorInnen des „Ius"-Studiengangs herausgegebenen Online-Zeitschrift „LL.B. Zeitschrift des Studiengangs „Ius" (LL.B.)"[102] werden nicht nur für den Studiengang richtungsweisende Beiträge veröffentlicht, sondern auch echte Klausuren und Hausarbeiten von Studierenden mit den Korrekturanmerkungen der DozentInnen.[103] Diese Arbeiten sollen den Studierenden nicht nur Hinweise für die eigene Fall- und Themenbearbeitung geben, sondern ihnen auch die Angst vor den Prüfungsaufgaben nehmen.

7.2.8 Fachtagung Recht („Ius")

Die berufliche Förderung der AbsolventInnen eines Studiengangs gehört zu den Aufgaben der Hochschule – und also die Förderung von Karrieren von „Ius"-AbsolventInnen zu den Aufgaben der BLS. Darüber hinaus ist es jedoch unerlässlich, dass die unmittelbar Betroffenen selbst aktiv werden. Dementsprechend haben Studierende von „Ius" erstmals 2011 eine „Fachtagung Recht" durchgeführt, um ihren Studiengang möglichen Arbeitgebern vorzustellen. Es gelang den engagierten Studierenden u. a., die seinerzeitige Berliner Justizsenatorin als Rednerin zu gewinnen.

7.2.9 StuR / SASLA

Es sei in diesem Zusammenhang darauf hingewiesen, dass wir das etwa von Wolfgang Fritzemeyer als Desiderat für die deutsche Rechtsausbildung dargestellte System der „Clinics"[104] an der FHVR/HWR seit geraumer Zeit als erste deutsche Hochschule als Dauerprojekt „Studentische Rechtsberatung" installiert haben.[105] In diesem Projekt beraten Studierende unserer Hochschule andere Studierende unter der Supervision von HochschullehrerIn-

---

99 *Michael Knape*, „Haben Rechte Rechte?", 2009.
100 *Andreas Lob-Hüdepoh*, Widerstand gegen Rechts als Christenpflicht?, 2010.
101 *Erardo Cristoforo Rautenberg*, Haben wir erfolgreiche Strategien gegen den Rechtsextremismus?, 2011.
102 Siehe unter http://www.llb-ius.de/Zeitschrift/ [30.08.2012].
103 Durch die gemeinsame Veröffentlichung von HochschullehrerInnen und Studierenden erfahren beide oft erst die societas magistrorum et scholarium (*Heinz-Elmar Tenorth*, Brauchen wir die Universität noch?, Die Zeit vom 19.07.2012, 63 [64]).
104 *Wolfgang Fritzemeyer*, Die Bedeutung der „Soft Skills" für die Juristenausbildung und die juristischen Berufe, NJW 2006, 2825 (2829).
105 Siehe dazu *Hans Paul Prümm*, Studentische Rechtsberatung (StuR) als Modellprojekt guter Hochschullehre, in: *Ders. / Henning Spinti* (Hrsg.), Verwaltung und Recht – Entwicklung und Perspektiven. Eine Festschrift zum 35-jährigen Bestehen der FHVR Berlin und zu ihrer Integration in die HWR Berlin, 2008, S. 253.

nen und lernen so praktische Rechtsanwendung; hier wird mit relativ geringen Mitteln ein Manko der derzeitigen juristischen Ausbildung behoben – allerdings wird dies teilweise von der universitären Seite nicht registriert.[106]

8. Perspektiven der „Ius"-AbsolventInnen[107]

8.1 Allgemeines

Es werden mittlerweile vermehrt übergreifende, universitäre, juristische Bachelor-Ausbildungen wie der Studiengang „Law in context" der Technischen Universität Dresden[108] angeboten. Dies zeigt, dass generalistische LLB-Studiengänge trotz der einschlägigen Abwehrstrategien, etwa des Juristen Fakultätentages, auch im universitären Bereich Fuß fassen.[109]

Hinsichtlich der Perspektiven der AbsolventInnen kann man zunächst Jens Jeep zitieren: „Was machen jene, die ‚nur' den Bachelor vorweisen können? Sie tun das Gleiche wie alle anderen Akademiker vom Betriebswirt bis zum Philosophen; sie ergreifen einen für sie passenden Beruf – vom Journalisten über den Unternehmensberater, vom Selbständigen bis zum Sachbearbeiter, vom Verbandsmanager bis zum Politiker. Juristisches Wissen und der Hang zur klaren Argumentation werden niemandem schaden."[110]

8.2 Einzelheiten

Da die ersten AbsolventInnen des Studiengangs „Ius" erst im letzten Jahr das Studium erfolgreich abgeschlossen haben, gibt es über deren „Karrieren" noch keine belastbaren Informationen. Deshalb präsentieren wir hier „Ius"-perspektivische Aspekte:

Zum einen ist festzustellen, dass es schon heute Ausschreibungen für juristische Professionen gibt, die nicht vom sog. Volljuristen ausgehen.[111]

---

106 Vgl. etwa *Andreas Bücker / William A. Woodruff*, Clinical Legal Education – eine Option für die deutsche Juristenausbildung, JZ 2008, 1068; *Ann-Katrin Wreesmann*, Clinical Legal Education. Unentgeltliche Rechtsberatung durch Studenten in den USA und Deutschland, 2010.
107 In Anlehnung an *Hans Paul Prümm*, Fn. 1, S. 18 ff.
108 Siehe unter: http://tu-dresden.de/die_tu_dresden/fakultaeten/juristische_fakultaet/studium/bachelor_laws [30.08.2012].
109 *Horst-Peter Götting*, Die Zeit vom 21.06.2007.
110 *Jens Jeep*, Der unnötige Kampf deutscher Juristen. Bachelor und Master sind nicht das Ende der Rechtswissenschaft – sondern ihre Wiederbelebung, SZ vom 22.05.2007, 2.
111 Siehe zuletzt Bundesnetzagentur für Elektrizität, Gas, Telekommunikation, Post und Eisenbahnen: in: http://www.bund.de/IMPORTE/Stellenangebote/EDITOR/Bunde vom 21.08.2012.

Sodann zeigen die Erfahrungen mit den WirtschaftsjuristInnen, dass neue Studiengänge sich auch neue Arbeitsfelder schaffen.[112] Für die „Ius"-AbsolventInnen geht es vor allem um Berufe im Bereich der öffentlichen Verwaltung i. w. S. – und hier speziell in den kommunalen Verwaltungen –, in Vereinen und Verbänden sowie in den Bereichen von Journalismus, Politik oder Unternehmensberatung.

Dass diese Perspektiven nicht unwahrscheinlich sind, zeigt die Auflistung sog. paralegals durch Herbert M. Kitzer von legal assistents über law librarians bis hin zu MitarbeiterInnen in allen Arten von NPO oder NGO in den USA.[113]

Die Fernuniversität Hagen geht davon aus, dass etwa 80 % ihrer LL.B.s in Unternehmen und Verbände gehen.[114]

Auch lassen sich für die LL.B.s – durchaus auch steuersparende – neue Perspektiven eröffnen: So würde etwa die Aufgabe des verbeamteten und teuren Studiums der Rechtspflege den juristischen Bachelors ein neues Berufsfeld eröffnen.[115]

Außerdem sei darauf hingewiesen, dass etwa für europäische Rechtskarrieren der Weg über das juristische Referendariat sich als ein zeitraubender Umweg erweist,[116] da das Referendariat nicht als für eine entsprechende Stelle bei der EU erforderliche Praxis anerkannt ist.[117]

Das „Ius"-Studium an der BLS ist so aufgebaut, dass die AbsolventInnen vor allem im rechtsdogmatischen Bereich den universitären Modulen gleichwertige Module studieren und durch Prüfungen nachweisen, so dass

---

112 Siehe dazu *Fabian Elfeld*, Wirtschaftliches Verständnis als Erfolgsfaktor. Chancen von (Diplom)Wirtschaftsjuristen auf dem Rechtsdienstleistungsmarkt, 2006; interessant ist in diesem Zusammenhang, dass auch der Vorsitzende des Deutschen Juristen-Fakultätentages konzediert, dass für bestimmte juristische Arbeitsbereiche durchaus ein Bachelor-Bedarf besteht (*Christiane Krüger*, Der Druck steigt, duz Magazin 04/2007, 11).

113 *H. M. Kritzer*, The future role of „Law Workers": Rethinking the forms of legal practice and the scope of legal education, 44 Ariz.L.R. (2002) 917 (920 ff.).

114 *Helmut Hoyer*, Vortrag auf der Veranstaltung Bildung der Zukunft, Erfolgskonzept FernUniversität, in: *Der Rektor der Fernuniversität Hagen* (Hrsg.), Bildung der Zukunft, Erfolgskonzept FernUniversität. Präsentation in der Ungarischen Botschaft Berlin 24.03.2009, S. 12 (16 f.).

115 Siehe dazu *Hans Paul Prümm*, Privatisierung der akademischen Ausbildung für die öffentliche Verwaltung? in: *Ders./Denis Kirstein* (Hrsg.), Privatisierung der akademischen Ausbildung für die öffentliche Verwaltung. Redebeiträge und Thesen des 21. Glienicker Gesprächs 2010, 2010, S. 7 (21 f.).

116 So zuletzt *Tobias Freudenberg/Monika Spiekermann*, Fn. 56, die auch darauf aufmerksam machen, dass deutsche RechtsabsolventInnen „über den Umweg eines LL.M.-Studiums und eine Zulassung in England anschließend auch in Deutschland zur Anwaltschaft zugelassen würden."

117 *Dominik Düsterhaus*, Assessorexamen – kein Tor nach Europa, Justament Dezember 2005, 24 (25).

diese Module im Rahmen der universitären Studien anerkannt werden müssen[118]. Dies ermöglicht unseren LLB-AbsolventInnen – sofern sie dies wollen – den verkürzten Einstieg in das universitäre Jura-Studium, das zurzeit den alleinigen Zugang zur ersten Prüfung i. S. d. § 5 Abs. 1 DRiG ermöglicht.

Ein Vertreter der Berliner Innenverwaltung, Karl-Heinz Wanninger, erklärte auf dem Workshop zur Einführung des „Ius"-Studiums, „denkbar sei ..., dass neben Bachelor-Verwaltungswirten auch Bachelor-Juristen eingestellt werden könnten, da rechtliche Anforderungen in der Verwaltung zunähmen. Ein stärkerer juristischer Zugang zu Themen der Verwaltung sei also wünschenswert. Denkbar sei auch ein Zugang zum Regierungsreferendariat nach LLB- *und* LLM-Abschluss."[119]

9. Zusammenfassung und Ausblick

Die Installierung neuer Studiengänge an Fachhochschulen wird von den Universitäten teilweise sehr kritisch beäugt. So ist auch zu verstehen, dass sich mehr als 180 Jura-Professoren gegen den Plan der Justizminister von Baden-Württemberg und Sachsen, Ulrich Goll (FDP) und Geert Mackenroth (CDU) zur Einführung eines dreijährigen Bachelorstudiums für JuristInnen, an das ein Masterstudium angeschlossen werden kann, ausgesprochen haben.[120] Denn dieses Konzept impliziert auch den Einstieg in die Diskussion über die Exklusivität der universitären juristischen Ausbildung.

Und diese Diskussion wird à la longue geführt werden müssen. Die fachhochschulischen Studiengänge sind nicht nur preiswerter,[121] sondern inhaltlich gleichwertig – die LL.B.-AbsolventInnen stehen zwar nicht auf Augenhöhe mit den sog. VolljuristInnen, aber mit den AbsolventInnen der ersten Prüfung i. S. d. § 5 DRiG.[122]

---

118 Ähnlich auch das Konzept für die Absolventen des Studiengangs „Law in context": *Horst-Peter Götting*, Fn. 109; siehe dazu auch *Hans Paul Prümm*, Anrechnungsmöglichkeiten von bereits erworbenen Lernergebnissen im Rahmen eines Studiums – am Beispiel des Berliner Studiengangs Öffentliche Verwaltung (ÖV), VR 2012, 293.
119 *Karl-Heinz Wanninger*, in: *Hans Paul Prümm / Marc Eckebrecht* (Hrsg.), Fn. 22, S. 133.
120 Süddeutsche Zeitung vom 30.3./1.5.2007, S. 16; NJW 20/ 2007 XVI, XVII; den Text des Aufrufs und die Liste der UnterzeichnerInnen findet man unter http://ausbildungsdeform.blog spot.com/ [30.08.2012].
121 Darauf weisen zuletzt hin *Hans-Hennig von Grünberg / Christian Sonntag*, Von wegen Underdogs! Warum die Fachhochschulen sich vor den Universitäten nicht verstecken müssen, Die Zeit vom 30.08.2012, 77: „Ein Bachelorabschluss an einer Fachhochschule kostete im Jahr 2009 den Steuerzahler 12.900 €. An einer Universität verursacht derselbe Abschluss Kosten von 28.200 €."
122 *Julia Leendertse*, Auf Augenhöhe mit den Volljuristen, Handelsblatt vom 4. 7. 2007.

Darüber hinaus zeigen die Einstellungen universitärer juristischer Studiengänge wie an den Universitäten Rostock[123] und Dresden[124] – und der entsprechenden Diskussion hinsichtlich der Universität Potsdam[125] –, dass nichts für ewig gilt. Dies ist umso wichtiger, wenn man sich vergegenwärtigt, dass „die juristische Ausbildung ... durch die Zeit hinweg kaum ein durchgängiges Charakteristikum gehabt" hat.[126]

Der Vizepräsident der Universität Potsdam, Thomas Grünewald, wies darauf hin: „Der Bologna-Prozess führt Universitäten und Fachhochschulen näher zusammen. Das ist eine Tatsache."[127] In diese Richtung weisen auch neue Ansätze für ein Promotionsrecht der Fachhochschulen.[128]

Universitäten und Fachhochschulen sollten unabhängig von divergierenden Einzelentscheidungen – etwa derjenigen der JuMiKo gegen den Bologna-Prozess[129] oder der über Fusionen von Universitäten und Fachhochschulen[130] – näher zusammenkommen, um die akademische juristische Ausbildung des gemeinsamen Zieles willen – Recht und Gerechtigkeit – zu optimieren.

---

123 Siehe dazu unter http://www.rostock-heute.de/good-governance-jura-bachelor-studiengang-uni-rostock/11993 [30.08.2012].
124 Siehe dazu unter http://tu-dresden.de/die_tu_dresden/fakultaeten/juristische_fakultaet/gesetze [30.08.2012].
125 Siehe dazu *Tilmann Warnecke*, In Grenzen erfolgreich, Der Tagesspiegel vom 20.08.2012: Vorschlag der sog. Hochschulstrukturkommission, die an § 5 Abs. 1 DRiG orientierte Juristenausbildung komplett an die Viadrina in Frankfurt/Oder zu verlagern; siehe ferner unter http://mail.lto.de/go/13/KZ4RQYL-1V7S7SG-1V7S7SC-12LE4NC.html [30.08.2012].
126 *Hans Ulrich Richter-Hopprich / Kerstin Speck*, Bericht über die Tagung „Juristenausbildung in Europa zwischen Tradition und Reform", November 2007 in Trier, ZJS, http://www.zjs-online.com/ [30.08.2012], 1/2008, 100.
127 *Thomas Grünewald*, Fn. 89.
128 So zuletzt *Annette Schavan* unter: http://www.faz.net/aktuell/beruf-chance/hochschulformen-fachhochschulen-sind-beliebt-11872616.html [30.08.2012].
129 Siehe unter 1.
130 Eine erfolgreiche Fusion war diejenige der Universität Lüneburg mit der Fachhochschule Nordostniedersachsen in Niedersachsen; zurzeit wird in Brandenburg eine Fusion der Brandenburgischen Technischen Universität in Cottbus mit der Hochschule Lausitz in Senftenberg diskutiert.

II.
Berufsperspektiven

Privatwirtschaftliche Berufsperspektiven für Bachelor- und Master-Juristen

Ulrich Sick

1. Einleitende Überlegungen

Wenn Studieninteressierte ihre Überlegungen anstellen, welche Fachrichtung sie bei der Wahl ihres Studiums einschlagen sollen, prüfen sie nicht nur ihre eigenen Neigungen und Interessen, sondern machen sich verständlicherweise auch Gedanken über die sich bei einem erfolgreichen Abschluss des ins Auge gefassten Studiums öffnenden Berufsperspektiven.

Auf der anderen Seite prüfen auch Arbeitgeber und Arbeitsmarktberater die Einsatzmöglichkeiten von Wirtschaftsjuristen[1] mit einem Abschluss als Diplom-Wirtschaftsjurist, Bachelor of Laws oder Master of Laws.

Beide Seiten müssen leider immer wieder feststellen, dass hier wenig Transparenz zu verzeichnen ist. Repräsentative Umfragen aus einer größeren Felduntersuchung und daher mit entsprechender Validität sind jedenfalls nicht verfügbar. Die Studieninteressierten können nur schwer erahnen, wie sie mit ihrem angestrebten Studienabschluss später im Arbeitsmarkt aufgenommen werden, und die Arbeitgeberseite hat oft nur eine vage Vorstellung davon, mit welchen Kompetenzen die Absolventen als Diplom-Wirtschaftsjurist, Bachelor of Laws oder Master of Laws aufwarten und ob bzw. wie sie daher für die konkret zu besetzende Stelle mit einer bestimmten Aufgabenstellung eingesetzt werden können.

Gleichzeitig zeigt die Erfahrung, dass insbesondere die Absolventen wirtschaftsjuristischer Studiengänge offenbar problemlos im Arbeitsmarkt eine berufliche Heimat finden. Im vorliegenden Beitrag soll deshalb zur Schaffung einer größeren Transparenz eruiert werden, in welchen Tätigkeits- oder Berufsfeldern Jobs insbesondere für Bachelor- und Master-Juristen angeboten werden und welche Anforderungen hierbei definiert werden.

Für diesen Zweck sollen daher im Weiteren
- die Ergebnisse einer Auswertung von Stellenangeboten näher betrachtet,
- eine systematische Bestandsaufnahme typischer Einsatzgebiete von Wirtschaftsjuristen mit dem Abschluss Diplom-Wirtschaftsjurist, Bachelor of Laws oder Master of Laws durchgeführt und schließlich
- die Anforderungen des Arbeitsmarktes an die Qualifikation derartiger Bachelor- und Master-Absolventen eingehender beleuchtet werden.

---

[1] Maskuline Formen eines Begriffs sind geschlechtsneutral zu verstehen und umfassen selbstverständlich auch die feminine Form.

2. Auswertung der Stellenangebote

2.1 Überblick

Um einen Eindruck zu gewinnen, was bereits heute am Arbeitsmarkt nachgefragt wird, wurden im Zeitraum Januar – August 2012 Stellenangebote ausgewertet.[2]

Ermittelt wurden insgesamt 125 Stellenangebote, die sich – zumindest auch – an Kandidaten mit dem Abschluss Diplom-Jurist, Diplom-Wirtschaftsjurist, Bachelor of Laws oder Master of Laws richteten.[3] Es fiel dabei auf, dass sich weniger als 5 % dieser Stellenangebote in den Medien generell auf diese Zielgruppe beziehen und damit auch den Absolventen mit den hier zu betrachtenden akademischen Abschlüssen eine Chance zur Bewerbung eröffneten, während über 95 % dieser Stellenangebote sich ausdrücklich an sog. „Voll-Juristen" mit 2 Staatsexamina richteten.

Wenn man eine Erklärung für dieses Phänomen sucht, wird man sicherlich berücksichtigen müssen, dass der klassische juristische Ausbildungsgang an den Universitäten eindeutig bekannter ist, gerade auch bei den für die Einstellung im Unternehmen zuständigen Entscheidungsträgern, die überwiegend selbst noch diese Ausbildung durchlaufen haben und daher tendenziell eher auf Bekanntes zurückzugreifen geneigt sind. Dagegen sind die Studiengänge mit den hier zu betrachtenden akademischen Abschlüssen bedeutend jünger und damit natürlich auch viel weniger bekannt.

Die hier ausgewerteten Stellenangebote stellen verständlicherweise eine zufällige Momentaufnahme über den betrachteten Zeitraum dar, das Bild kann und wird sich in der Zukunft nach der festen Überzeugung des Verfassers eindeutig zu Gunsten der hier betrachteten akademischen Abschlüsse verschieben, sobald und in dem Umfang, wie die neuen Studiengänge im Arbeitsmarkt bekannter werden und damit die für die Einstellung im Unternehmen verantwortlichen Entscheidungsträger die besonderen Kompetenzen der Absolventen dieser neuen Studiengänge besser ein- und wertschätzen können, die die Absolventen sich im Rahmen ihrer Hoch-

---

2 Die Untersuchung wurde auf Veranlassung von Prof. Dr. B. Bergmans durchgeführt. Ausgewertete Medien: NJW, www.beck-stellenmarkt.de, www.jobboerse.arbeitsagentur.de, www.legalcareers.de, www.azur-online.de, www.der-betrieb.de, www.juracon.de, www.marktplatz-recht.de, www.staufenbiel.de, www.wjfh.de, www.karriere-jura.de, www.fazjob.net, www.jobs.zeit.de, www.karrierefuehrer.de, www.bund.de, www.jobware.de, www.stepstone.de, www.monster.de, www.stellenboersen.de, www.stellenmarkt.de. Es wurden keine Trainee- und Praktikantenstellen erfasst.

3 Die Suche gestaltet sich insofern als umständlich als unter dem Begriff ‚Jurist' i. d. R. nur Volljuristen bzw. Anwälte erfasst sind. Unter ‚Wirtschaftsjurist' werden nicht nur Diplom-Wirtschaftsjuristen (FH), sondern auch manchmal auch Volljuristen erfasst, z. T. auch ReNo- und Steuerfachangestellte oder sogar Stellenangebote, die keinerlei juristischen Bezug haben (z. B. ‚Consultants' jeglicher Art). Diese wurden hier nicht berücksichtigt.

schulausbildung aneignen haben können, insbesondere im betriebswirtschaftlichen Bereich sowie im Bereich der „Soft Skills".

Eine weitere Beobachtung bei der Auswertung der Stellenangebote war die, dass die einzelnen Stellenbeschreibungen sehr unterschiedlich waren, da sie abhängig von der organisatorischen Struktur des ausschreibenden Arbeitgebers sehr aufgabenspezifisch formuliert waren und sich daher an ein eher breiteres Spektrum von Bewerbern richteten. Im Vordergrund stand also bei diesen ausgewerteten Stellenausschreibungen weniger der konkrete akademische Abschluss als Voraussetzung für eine erfolgreiche Bewerbung als vielmehr die für die konkrete Aufgabenstellung richtige persönliche Kompetenz, auf welchem Wege diese auch erworben worden sein mag.

Alle Stellen waren für Berufsanfänger mit erster praktischer Erfahrung ausgeschrieben. Karriereperspektiven wurden in den untersuchten Stellenausschreibungen kaum erwähnt, was seine Begründung darin haben mag, dass die Frage der Karriereplanung üblicherweise nach dem Sammeln erster praktischer Erfahrungen nach ca. 3 bis 5 Jahren Bedeutung gewinnt und dann in den einzelnen Unternehmen abhängig von der persönlichen Bewährung des Kandidaten und den Aufstiegsmöglichkeiten im Unternehmen zu individuellen Karriereentwicklungen führt.

2.2 Nachgefragte Tätigkeitsfelder

(1) Die eindeutig größte Nachfrage bestand im Bereich *Vertrags-Management (Contract Management inkl. Vergabeverfahren)*, das in den Bereichen
- Projektgeschäft,
- Vertrieb und
- Business Development

große Bedeutung gewinnt und Tätigkeiten wie
- Angebotserstellung,
- Erstellung von Vertragsentwürfen,
- Verhandlung von Verträgen,
- Arbeit an bestehenden Verträgen,
- Projekt Management,
- Claim Management

und vieles mehr umfasst.

(2) Auch im Bereich *Personalwesen (HR)* bietet sich ein breites Spektrum von Tätigkeitsfeldern, sei dies nun im Rahmen der
- Rekrutierung von neuem Personal,
- allgemein in der Personalverwaltung oder bei der
- Lohn- und Gehaltsabrechnung.

In diesen Einsatzbereichen ist die juristische Vorbildung nur eine Alternative der möglichen Kompetenzen, Bewerbungskandidaten stehen hier selbstverständlich im Wettbewerb zu Absolventen anderer Studien- oder Ausbildungsgänge. Gerade im Bereich Personalwesen sind sicherlich auch besondere persönliche Kompetenzen wie etwa Kommunikationsfähigkeit, die Fähigkeit zum Umgang mit Menschen (evtl. unterschiedlicher Kulturen) oder eine ausgebildete Menschenkenntnis von zusätzlicher entscheidender Bedeutung.

(3) Ein dritter häufig nachgefragter Tätigkeitsbereich sind *Assistenz- und Support-Funktionen*. Hierbei ist zu differenzieren:

In der Assistenz für Geschäftsführungen oder Vorstände in Unternehmen umfasst dies Tätigkeiten wie
– Vertragsmanagement,
– die Vor- und Nachbereitung von Gremiensitzungen (Geschäftsführungs-, Vorstands- oder Aufsichtsratssitzungen) sowie deren Protokollierung,
– das Schnittstellen-Management zu externen Anwälten sowie
– weitere Verwaltungs-, Organisations- und Überwachungsaufgaben.

In größeren Anwaltskanzleien, insbesondere internationalen „Lawfirms" angloamerikanischen Zuschnitts, spielen sogenannte „Paralegals" eine sehr wichtige Rolle. Hierbei handelt es sich um Mitarbeiter mit juristischer Kompetenz, die jedoch nicht zur Anwaltschaft zugelassen sind. Nicht selten sind derartige Paralegals die eigentlichen „Heroes", wenn es um die Bewältigung umfassender Projekt- oder Recherchearbeit geht, oft im Schichtbetrieb rund um die Uhr.

Für die Absolventen der hier betrachteten Studiengänge kommen insbesondere Aufgaben bei
– der Datenbankpflege,
– Recherchen und Auswertungen (Markt, bestimmte Informationen, Sachverhaltsfragen),
– der Vertragsprüfung,
– der Vorbereitung von Handelsregisteranmeldungen,
– der Vorbereitung von Vollmachten,
– der Erstellung von Arbeitshilfen oder
– sonstige projektbezogene Tätigkeiten
in Betracht.

(4) Weitere in den Stellenausschreibungen nachgefragte Tätigkeitsfelder betrafen
– das Gebiet Steuern / Wirtschaftsprüfung,
– das Rechnungswesen in Unternehmen,
– das Compliance- und Risikomanagement, z. B. im Umfeld des Datenschutzes sowie des Verbraucher- und Wettbewerbsrechtes,
– die Unternehmensbereiche Controlling und Revision sowie

- den internationalen Handel, wo Aufgaben bei der Zollabwicklung, im Außenwirtschaftsrecht, bei der „international compliance" sowie im „commercial management" auf ausländischen Märkten anfallen.

Nachgefragt Tätigkeitsfelder lagen auch
- in der Insolvenzverwaltung und -abwicklung,
- im Finanzsektor (z. B. im Asset Management, bei der Bearbeitung des Kapitalmarktes, der Kreditbearbeitung oder der Durchführung eines Due-Diligence-Prozesses),
- im Bereich von Regulierungsangelegenheiten,
- im Lizenzmanagement sowie
- in der Kommunalberatung in den Bereichen Organisation, Finanzen und IT.

2.3 Anforderungen

In den untersuchten Stellenausschreibungen wurde häufig als Anforderung ein juristischer Abschluss gefordert, bezüglich konkreter erforderlicher Qualifikationen waren die Stellenausschreibungen aber eher vage gehalten. Bei einem erheblichen Anteil der Stellen waren diese im Übrigen nicht ausdrücklich für Juristen reserviert. Es wurde oft ein ‚Manager für X' gesucht, worauf sich u. a. auch Wirtschaftsjuristen oder interdisziplinär ausgebildete Juristen bewerben konnten, aber in vielen Fällen auch insbesondere Betriebswirte, Wirtschaftsingenieure oder Hochschulabsolventen mit anderen Qualifikationen. Nur in 20–30 % der Angebote wurden gleichzeitig auch Bewerbungen von Absolventen eines rechtswissenschaftlichen Studiums erwähnt.

In allen ermittelten Einsatzbereichen ist offenbar insbesondere die interdisziplinäre Kompetenz sowohl im rechtlichen wie auch im betriebswirtschaftlichen Umfeld von besonderer Bedeutung. Darin liegt auch im Bewerbungsverfahren der Wettbewerbsvorteil der Absolventen wirtschaftsjuristischer Studiengänge gegenüber den Kandidaten mit der althergebrachten, klassischen Juristenausbildung, die üblicherweise (bewusst zusätzlich auf diesen Gebieten erworbene Kompetenzen einmal außen vor gelassen) eher einen justizlastigen Kompetenzschwerpunkt und deutlich weniger Kompetenz im betriebswirtschaftlichen Bereich aufweisen.

Während von Volljuristen fast durchgängig Prädikatsexamina erwartet werden[4], erhielt der Notenschnitt bei den untersuchten Angeboten eine deutlich geringere Gewichtung, da nur in wenigen Fällen hervorragende Studienergebnisse zu den Anforderungskriterien zählen. Die Noten im akademischen Abschluss dürften allerdings im Bewerbungsverfahren auf kei-

---

4 Es fällt auf, dass der Werbeaufwand zur Anwerbung dieser Prädikatsjuristen weit überproportional hoch ist, was sich auch in deren Einstiegsgehältern widerspiegelt. Vor allem Anwaltskanzleien sind hier auf der Suche.

nen Fall unwichtig sein, jedoch weitere Qualifikationen, etwa „Soft Skills" oder Fremdsprachenkenntnisse, von vornherein ein größere Bedeutung erlangen.

Bei der näheren Betrachtung der ausschreibenden Arbeitgeber fiel auf, dass ein nennenswerter Anteil ausländisch oder zumindest international operierend war. Dies mag nicht zuletzt daran liegen, dass Arbeitgeber, die sich international und insbesondere im angloamerikanischen Umfeld unternehmerisch betätigen, aus diesen Ländern bereits mit dem besonderen Kompetenzspektrum eines Absolventen mit dem akademischen Abschluss eines Bachelor of Laws oder eines Master of Laws besser vertraut sind als dies rein national in Deutschland agierende Unternehmen noch zu sein scheinen. Jedenfalls spielt die Beherrschung der englischen Sprache in vielen Angeboten eine wichtige Rolle.

Auffällig war bei der Untersuchung der Stellenausschreibungen, dass es so gut wie keine Angebote speziell für Master-Juristen gab, sondern Bachelor- und Masterabschlüsse (sofern Letztere überhaupt erwähnt wurden) offenbar auf gleicher Stufe betrachtet wurden.

Fast alle Stellenausschreibungen forderten eine erste Berufserfahrung (1 bis 3 Jahre), was darin begründet sein mag, dass die nachfragenden Unternehmen ungern die Weiterqualifikation im Übergang von der akademischen Ausbildung zur beruflichen Praxis übernehmen wollen, die allerdings regelmäßig erforderlich ist. Aus der persönlichen Beobachtung des Verfassers kann jedoch gesagt werden, dass dies in der Praxis kein unüberwindliches Hindernis zu sein scheint.

3. Systematische Übersicht über mögliche Tätigkeitsfelder

3.1 Überblick

Die Auswertung der Stellenanzeigen gibt zwar wichtige Hinweise für die Berufsperspektiven, aber sie ist eine Momentaufnahme und erfasst keineswegs das gesamte Potenzial an Jobmöglichkeiten, sondern nur die in einer Wirtschaftsphase besonders nachgefragten.

Im Folgenden sollen daher umfassender in Frage kommende Tätigkeitsbereiche für Bachelor- und Master-Juristen identifiziert werden, ohne weitere Differenzierung nach der Abschlussart Bachelor oder Master, und zunächst auch ohne Differenzierung nach allgemeinjuristischer oder wirtschaftsjuristischer Ausbildung. Diese Tätigkeitsfelder gelten im Übrigen grundsätzlich auch für universitäre Diplom-Juristen mit erstem Staatsexamen.

Da empirische Daten dazu weitgehend fehlen, beruht diese Darstellung auf einer Auswertung des Schrifttums[5] sowie persönlichen Erfahrungen aus der Berufspraxis und der Lehre. Bei der nachfolgenden systematischen Übersicht über mögliche Tätigkeitsfelder soll im Detail auf Aufgabenstellungen in Unternehmen eingegangen, aber auch eine branchenspezifische Differenzierung durchgeführt, der öffentliche Sektor speziell beleuchtet, die Problematik der selbständigen Tätigkeit angesprochen und schließlich sonstige für die Absolventen der hier untersuchten Studiengänge mögliche Tätigkeiten angesprochen werden.

3.2 Unternehmen allgemein

In Unternehmen kommt ein Einsatz von Bachelor- und Master-Absolventen, insbesondere mit wirtschaftsjuristischem Abschluss, vor allen Dingen in folgenden Unternehmensfunktionen und Abteilungen in Betracht:
- Assistenz der Geschäftsführung / des Vorstandes,
- Recht (z. B. Vertragsmanagement, Regulierungsrecht, Compliance, Forderungsmanagement, Inkasso, gewerbliche Schutzrechte, Schnittstellenmanagement zu externen Anwälten etc.),
- Personal (z. B. Arbeitsrecht, Betriebsvereinbarungen, Betreuung, Verwaltung, Mitarbeiter-Entwicklung, Entgeltabrechnung etc.),
- Rechnungslegung, Steuern,
- Controlling, Innenrevision,
- Außenhandel (z. B. internationale Verträge, Zoll, Steuern, Außenwirtschaftsrecht, Compliance etc.),

---

[5] www.berufenet.de Stichwort ‚Wirtschaftsjurist/in'; *R. Gerlach*, Wirtschaftsjurist/Wirtschaftsjuristin, blätter zur berufskunde, hrsg. von der Bundesanstalt für Arbeit, 6. Aufl. 1995; *M. Hartmann*, Juristen in der Wirtschaft. Eine Elite im Wandel, München 1992; *N. von Nieding, B. von Nieding*, Berufsmöglichkeiten und Berufsaussichten für Juristen, in: JuS-Studienführer, 4. Aufl., München 1997; *P. Hommelhoff* (Hrsg.), Die Praxis der rechtsberatenden Berufe, München 1999; *T. Schomerus, C. Stix, E. Zens* (Hrsg.), Das Lüneburger Modell. Der Studiengang Wirtschaftsrecht nach fünf Jahren, Schriftenreihe des FB Wirtschaftsrecht, Bd. 2, HF Nordostniedersachsen 1999, S. 114 – 119; *P. Lemke*, Nischen auf dem juristischen Arbeitsmarkt, 2. Aufl., Neuwied 2000, S. 11 ff., 97 ff.; *D. Schönheid*, 60 Berufschancen für Juristen, Frankfurt 2004; *V. S. Rottmann*, Karriereplanung für Juristen, Berlin 2005, S. 43 ff.; *M. von Wulffen, R. Schlegel*, Der Bologna-Prozess und seine möglichen Auswirkungen auf die Justiz, NVwZ 2005, S. 890 ff. (893); *A. Niedostatek, J. C. Lorenz*, Jura Professionell. Karrierewege für Juristen, Frankfurt/Main 2006; *H. Ehlers*, Basel II: Aufgaben für Wirtschaftsjuristen, NJW 2005, 3256 (3257–3259); *N. Spreng, S. Dietrich*, Studien- und Karriereratgeber für Juristen, Berlin 2006, S. 245 ff.; *Justizministerkonferenz* – Ausschuss zur Koordinierung der Juristenausbildung, Berufsfelder, die für eine Ausbildung nach der Bachelor-Master-Struktur relevant sein könnten (2008); *M. Hies* (Hrsg.), Perspektiven für Juristen 2012, München 2011, S. 33 – 57, 96 – 122; *R. Gildeggen, B. Lorinser, B. Tybussek*, Der Bachelor Wirtschaftsrecht als berufsqualifizierender und strategischer erster akademischer Abschluss, Neue Juristische Online Zeitschrift 2011, 1353.

- Öffentlichkeitsarbeit, Investor-Relations, Betreuung von Hauptversammlungen etc.,
- Beauftragte für Datenschutz, Betriebssicherheit, Außenwirtschaft etc.,
- Ombudsmann/-frau,
- Projektmitarbeiter mit juristischem Sachverstand und Kooperations- sowie Kommunikationsfähigkeit (z. B. in der Produktentwicklung, im Vertrieb, im Projekt-Management etc.).

3.3 Branchenschwerpunkte

Grundsätzlich kommen Bachelor- und Master-Juristen in allen Wirtschaftszweigen zum Einsatz. Aufgrund ihrer Qualifikation kommen aber insbesondere Wirtschaftsjuristen in bestimmten ‚Branchen' besonders häufig zum Einsatz:

- Rechtsberatung (z. B. im Back-Office wirtschaftsrechtlicher, oft internationaler Kanzleien, Kanzleimanagement[6], Rolle als Knowledge Management Lawyer etc.),
- Kreditgewerbe (z. B. Bearbeitung, Abwicklung und Sanierung von Krediten, Credit Risk Management, Kundenbetreuung, Corporate Finance, M & A, Sicherheitenbearbeitung, strategische, konzeptionelle oder überwachende Tätigkeit bei einem Zentralinstitut etc.),
- Versicherungen (z. B. Bearbeitung von Schadensfällen, Gestaltung von Versicherungsverträgen, Versicherungsaußendienst etc.),
- Steuerberatung und Wirtschaftsprüfung,
- Inkasso,
- Personalberatung und -vermittlung, Headhunting,
- Unternehmensberatung (z. B. Mitarbeit bei Firmengründungen, Nachfolgeregelungen, im Bereich der strafrechtlichen, verbraucher- oder datenschutzrechtlichen Compliance etc.),
- Kommunalberatung,
- Immobilienwirtschaft, Gebäudemanagement (z. B. Immobilienhandel, Immobilienverwaltung, Projektentwicklung, Immobilienfonds, Grundbesitzervereinigungen, Mietervereine etc.),
- Insolvenzmanagement,[7]
- Industrie- und Handelskammern, Handwerkskammern, Berufsständische Kammern, Wirtschaftsverbände, Berufsverbände, Arbeitgeberverbände, Gewerkschaften, Berufsorganisationen, Außenhandelskammern etc.,

---

[6] *M. Kort*, BB-Forum: Rechtsberatung öffnen – für Wirtschaftsjuristen mit Universitätsdiplom!, BB 2004, S. 2706–2707.

[7] *T. Hartwig*, Der Diplom-Wirtschaftsjurist in der Insolvenzverwaltung, ZInsO 2004, 1300; *M. Lambrecht*, „Sie können nicht einmal Bilanzen lesen" – Zur Bestellung von Juristen als Insolvenzverwalter, DZWIR 2010, 22 – 28.

- Gesundheitswesen (z. B. Krankenhäuser, Seniorenheime, Pflegeeinrichtungen, Krankenkassen etc.),
- Medienbereich (z. B. Fachjournalist, Fachlektor, Informationsmanager, Bibliotheksmitarbeiter, Verlags- und Pressewesen, Buchhändler etc.,
- (Fach-)Übersetzer, Dolmetscher.

3.4 Öffentlicher Sektor

Im öffentlichen Sektor kommen Bachelor- und Master-Juristen zum Einsatz, insbesondere in
- Wirtschafts- und Finanzbereichen der Staats- und Kommunalbehörden (z. B. Stadtwerke, kommunale Betriebe, Arbeitsverwaltung, Sozialverwaltung etc.) sowie
- Bundesbehörden wie z. B. Arbeitsagentur, Bafin, Bundesbank, Bundesnetzagentur und Bundesimmobilienverwaltung etc.,
- Wissenschaft und Bildung an Schulen und Hochschulen.

3.5 Selbständige Tätigkeit[8]

Problematisch gestaltet sich die Möglichkeit einer selbständigen Tätigkeit, da nach den Bestimmungen des Rechtsdienstleistungsgesetzes (RDG) keine hauptamtliche wirtschaftsjuristische Beratung zulässig ist. Sie kommt allenfalls als Nebenleistung gemäß § 5 I RDG in Betracht, wenn diese zu einem anderen Berufs- oder Tätigkeitsfeld gehört.[9] Damit ist aber eine hauptamtliche rechtsberatende selbständige Tätigkeit, wie sie z. B. der Rechtsanwalt ausübt, Bachelor- und Master-Absolventen verwehrt. Es bedarf daher für Absolventen von Bachelor of Laws- und Master of Laws-Studiengängen einer Zusatzqualifikation, z. B. als Unternehmens- oder Kommunalberater, als Steuer-, Finanz- oder Versicherungsberater oder im Bereich des Insolvenzmanagements etc., um einer selbständigen Tätigkeit mit rechtsberatendem Charakter zulässigerweise nachgehen zu können, weil im Rahmen dieser anderweitigen hauptamtlichen Tätigkeit die ggf. ausgeübte Rechtsberatung zur zulässigen Nebenleistung wird.

3.6 Sonstige Tätigkeiten

Sonstige Tätigkeiten, die einem Bachelor bzw. einem Master of Laws offenstehen, sind z. B. auch
- die Politik,
- Beschäftigung in einer Interessenvertretung beim Bund oder bei der EU,

---

[8] S. *M. Schucht*, Wirtschaftsjuristische Beratung, Berlin 2005, insbesondere S. 41 ff.; *F. Elfeld*, Wirtschaftliches Verständnis als Erfolgsfaktor. Chancen von (Diplom-)Wirtschaftsjuristen auf dem Rechtsdienstleistungsmarkt, Baden-Baden 2006, S. 39 ff.

[9] S. z. B. *J. Otting*, Rechtsdienstleistungen. Neue Märkte für Nichtanwälte durch das RDG, Freiburg 2008, S. 63 ff.

- die Arbeit bei internationalen Organisationen oder aber
- eine selbständige Tätigkeit in den unterschiedlichsten Bereichen außerhalb der Rechtsberatung, z. B. im Handel, im Export und Import, in der Software-Entwicklung und im Vertrieb oder aber im Bereich der Unternehmensgründungen bzw. des Kommunikationstrainings etc.

In allen diesen Bereichen qualifiziert die interdisziplinär ausgerichtete Ausbildung eines Bachelor of Laws oder eines Master of Laws zur Erlangung sowohl juristischer als auch betriebswirtschaftlicher Kompetenzen den Stellenbewerber gegenüber einem eher nur monodisziplinär ausgebildeten Wettbewerber, was die Berufseinstiegschancen deutlich erhöht, wie auch die Gespräche des Verfassers mit vielen derartigen Absolventen zeigen.

4. Nachgefragte Qualifikationen

Wie bereits oben ausgeführt, ist die juristische Qualifikation manchmal nur ein Teilaspekt bei der für eine konkrete Aufgabe und Stelle vom Arbeitgeber geforderten Gesamtqualifikation.

Eine sehr häufig zusätzlich geforderte Qualifikation sind Fremdsprachenkenntnisse, insbesondere in der englischen Sprache als der am weitesten verbreiteten Welthandelssprache sowie idealerweise auch in der spanischen Sprache (gerade bei geschäftlichen Bezügen zu lateinamerikanischen Staaten). Nach der Erfahrung des Autors in der Praxis ist dagegen die Kenntnis der französischen Sprache eher selten gefordert, allenfalls in Unternehmen, die einen besonderen Schwerpunkt ihrer geschäftlichen Aktivitäten mit französischsprachigen Ländern (z. B. Frankreich, Nordafrika, Westafrika oder anderen ehemals französischen Kolonialgebieten) haben.

Daneben werden aber bei Bewerbern in zunehmendem Maße weitere Schlüsselqualifikationen und „Soft Skills" erwartet, z. B.
- kommunikative Fähigkeiten,
- kreatives und unternehmerisches Denken,
- Organisationstalent,
- eigenständige und interdisziplinäre Arbeitsweise,
- Teamfähigkeit,
- Verhandlungsgeschick,
- manchmal Erfahrung im Projektmanagement und
- selbstverständlich die Beherrschung von MS Office und anderen möglicherweise unternehmens- oder aufgabenspezifischen Softwaretools.

Bei Stellenausschreibungen für Berufseinsteiger wird zwischen den akademischen Abschlüssen des Bachelor of Laws und des Master of Laws eher weniger differenziert. Dies bedeutet, dass in diesem Stadium oft ein Master-Absolvent unmittelbar in Konkurrenz zu einem Bachelor-Absolventen steht und sich daher möglicherweise fragt, warum er den nicht unerheblichen Zusatzaufwand für die weitergehende Qualifikation eines Master of Laws auf sich genommen hat. Hier muss sich der endgültige Trend am Arbeitsmarkt aber noch besser abzeichnen, ehe man sich darüber ein finales Urteil erlauben kann oder gar sich zu der Schussfolgerung verleiten lässt, dass sich ein Master-Studium angesichts von dadurch nicht erkennbar verbesserten Berufseinstiegschancen gar nicht lohnt.

Denn wenn anspruchsvollere Aufgabenstellungen ausgeschrieben werden, wird ein Arbeitgeber im Zweifel einen Master-Absolventen dem Bachelor-Absolventen gegenüber bevorzugen.

Im Laufe der weiteren beruflichen Karriere werden ebenfalls tendenziell Master-Absolventen eher und höhere Führungspositionen als Bachelor-Absolventen erreichen.

Auch die Vergütung kann im Einzelfall für einen Master-Absolventen etwas höher als für einen Bachelor-Absolventen ausfallen, wobei dies aber sehr stark von der grundsätzlichen Vergütungsstruktur in einem Unternehmen abhängt. Im Prinzip wird jedoch in Wirtschaft und Industrie ein höherer Ausbildungsstand, der zur besseren Bewältigung der übernommenen Aufgabenstellung beiträgt, in Honorierung des damit verbundenen höheren Ausbildungsaufwandes besser vergütet.

All diese Aspekte sprechen doch dafür, dass sich der zusätzliche Aufwand für die Erlangung des akademischen Abschlusses eines Master of Laws über den Bachelor of Laws hinaus im Laufe der beruflichen Karriere lohnt.

Für Studierende stellt sich außerdem die Frage, ob sie ihre Hochschulausbildung eher generalistisch oder mit möglichst weitgehender Spezialisierung anlegen sollten.

Sicherlich ist eine gewisse Spezialisierung im Studium unumgänglich und sinnvoll, oft ist sie auch vom Curriculum vorgeschrieben. Sie zeigt die Fähigkeit des Studierenden, sich mit komplexen Materien unter wissenschaftlichen Gesichtspunkten vertieft und intensiv auseinanderzusetzen. Wenn diese gewisse Spezialisierung dann auch gerade fachlich die Materie betrifft, deren Beherrschung zur Bewältigung der in der ausgeschriebenen Stelle anstehenden Aufgabenstellungen erforderlich ist, stellt dies eine geradezu ideale Voraussetzung zum Gewinn des Wettbewerbs bei der Besetzung der ausgeschriebenen Stelle dar, weil es die Attraktivität eines Stellenbewerbers beim zukünftigen potentiellen Arbeitgeber nachweislich steigert, wenn möglichst viele der für die ausgeschriebene Stelle und Aufgabe geforderten Kompetenzen passgenau bereits vorhanden sind.

Leider trifft man als Berufseinsteiger aber nicht immer eine solche ideale Konstellation an. Und da erweist es sich nach der Erfahrung des Verfassers als sehr wichtig, wenn der Studierende sich im Laufe seiner akademischen Ausbildung auch ein möglichst breites Generalistenwissen sowie eine umfassende wissenschaftliche Methodenkompetenz angeeignet hat, mit deren Hilfe er sich im Rahmen seiner beruflichen Tätigkeit auch bisher noch weniger bearbeitete Sachgebiete erarbeiten und erschließen kann. Insgesamt wird man aber davon ausgehen können, dass eine Ausbildung mit einem mittleren Spezialisierungsgrad wie die wirtschaftsjuristische mehr privatwirtschaftliche Berufsperspektiven eröffnet als eine allgemeinqualifizierende.[10]

Natürlich sollte aber jeder Studierende bestrebt sein, im Laufe seiner akademischen Ausbildung möglichst viele zusätzliche Qualifikationen zu erwerben, die für die später angestrebte berufliche Tätigkeit nützlich sein können. Diese zusätzlichen Qualifikationen machen in der Praxis der Stellenbesetzung nicht selten gerade den entscheidenden Unterschied aus, mit dem der eine Bewerber sich von einem anderen Mitbewerber erfolgreich differenziert und so das Stellenangebot erhält.

Bei aller Qualifikation und Anhäufung von Kompetenzen spielt aber bei der Besetzung von ausgeschriebenen Stellen in Wirtschaft und Industrie die Persönlichkeit des Bewerbers eine nicht zu unterschätzende Rolle. Denn ohne die erforderlichen fachlichen Kompetenzen ist zwar die Bewältigung der mit der ausgeschriebenen Stelle verbundenen Aufgaben in aller Regel nicht möglich, ohne die passenden Persönlichkeitsmerkmale und „Soft Skills" (s. hiervor) aber erst recht auch nicht. Auch dieser Bereich wird daher, z. T. durch sehr persönliche, manchmal aber auch auf den ersten Blick nicht recht verständliche Fragen im Bewerbungsgespräch „abgeprüft".

Wegen des Charakters eines ersten wichtigen Selektionskriteriums bei der Sichtung der auf eine Stellenausschreibung eingegangenen Bewerbungen durch den zukünftigen Arbeitgeber darf der Studierende bei dem Bestreben, möglichst viele zusätzliche Qualifikationen im Laufe seiner akademischen Ausbildung zu erwerben, aber nie außer Acht lassen, dass er überhaupt erst einmal den akademischen Abschluss erlangen muss, und dies natürlich mit einer möglichst guten Abschlussnote. Denn in nicht wenigen Fällen werden die auf eine Stellenausschreibung eingegangenen Bewerbungen in der Personalabteilung eines Unternehmens auch heute noch nahezu ausschließlich nach der erlangten Abschlussnote vorselektiert. Und dann nützen alle erworbenen Zusatzqualifikationen nichts mehr, wenn man als Bewerber wegen einer eher schlechteren Abschlussnote bereits in dieser Vorselektion der Personalabteilung aussortiert wird, weil man dann noch nicht einmal eine Chance hat, seine Kompetenzen und seine individuellen Stärken in einem persönlichen Bewerbungsgespräch unter Beweis zu stellen.

---

10 S. *J. Basedow*, Juristen für den Binnenmarkt. Die Ausbildungsdiskussion im Lichte einer Arbeitsmarktanalyse, NJW 1999, S. 959 ff.

Analyse des Absolventenverbleibs am Fachbereich Wirtschaftsrecht der Westfälischen Hochschule, Recklinghausen

Bernhard Bergmans

1. Einleitung

Wirtschaftsjuristische Studiengänge an Fachhochschulen gibt es seit fast 20 Jahren, und entsprechend auch eine nennenswerte Zahl Absolventen, auch wenn die Studiengänge alle mit einem Orts-NC ausgestattet sind. Dennoch gibt es nur wenige empirische Daten darüber, welche Berufstätigkeit diese ausüben.

Natürlich verfügen alle Fachbereiche über diesbezügliche Erkenntnisse, die im Übrigen auch für die (Re-)Akkreditierung der Studiengänge benötigt werden. Aber diese scheinen doch eher unsystematischer Art zu sein und sind jedenfalls nur in sehr geringem Maße publiziert worden.[1]

Dabei hilft die Kenntnis des Absolventenverbleibs nicht nur beim Finetuning der jeweiligen Curricula, sondern auch besser zu verstehen, wodurch Wirtschaftsjuristen mit einer interdisziplinären Ausbildung sich am Arbeitsmarkt von ‚reinen' Wirtschaftsrechtlern und allgemein qualifizierten Juristen unterscheiden. Dies wiederum hat für alle drei Ausbildungsoptionen Auswirkungen darauf, welches Angebot überhaupt und in welchem Maße und welchen Schwerpunkten ‚marktgängig' ist.

Als einen Baustein in diesem Gesamtbild wird im Folgenden die berufliche Situation der Absolventen des Fachbereichs Wirtschaftsrecht der Westfälischen Hochschule dargestellt. Die Daten hierzu wurden auf zweierlei Weise erhoben:
– Zum einen wurden im August d. J. öffentlich zugängliche Daten des Business-Networks xing.de ausgewertet, auf dem der Fachbereich eine eigene Alumni-Gruppe unterhält. Hier wurden ca. 350 Absolventen erfasst, d. h. ca. 60 % der Gesamtzahl unserer Absolventen.[2]
– Zum anderen wurde im WS 2010/2011 im Zuge der Reakkreditierung unserer Studiengänge eine Befragung bei ca. 250 Absolventen durchgeführt, wovon ca. 100 Antworten ausgewertet werden konnten.

---

[1] *T. Schomerus, C. Stix, E. Zens* (Hrsg.), Das Lüneburger Modell. Der Studiengang Wirtschaftsrecht nach fünf Jahren, Schriftenreihe des FB Wirtschaftsrecht, Bd. 2, HF Nordostniedersachsen 1999, S. 114 – 119; *T. Schomerus*, Berufseinstieg von Diplom-Wirtschaftsjuristen (FH), JuS 2001, S. 1244 ff.; *R. Gildeggen, B. Lorinser, B. Tybussek*, Der Bachelor Wirtschaftsrecht als berufsqualifizierender und strategischer erster akademischer Abschluss, Neue Juristische Online Zeitschrift 2011, 1353.

[2] Ca. 53 % der erfassten Absolventen sind männlich, 47 % weiblich. Dies entspricht in etwa der Zusammensetzung unserer Studierendenschaft.

Es wurde dabei sowohl der Berufseinstieg als auch die aktuell ausgeübte Tätigkeit erfasst. Hinsichtlich der betroffenen Berufsfelder ergeben sich dabei keine Unterschiede aus diesen zwei Zeitpunkten, da lediglich ca. 15 % der Absolventen den ursprünglich eingeschlagenen Berufsweg gewechselt haben, dabei jedoch im Spektrum der ansonsten erfassten Berufstätigkeiten geblieben sind.

Nicht weiter eingeflossen in die Auswertung sind jene ca. 10 % der erfassten Absolventen, die ein weiterführendes Studium in Angriff genommen haben, in aller Regel ein juristisches oder wirtschaftswissenschaftliches Master-Studium. Diese relativ geringe Quote ist darauf zurückzuführen, dass der weitaus größte Teil der erfassten Absolventen noch solche mit Diplom-Abschluss sind, da erst seit 2009 Absolventen der Bachelor-Studiengänge zu verzeichnen sind, die entsprechend nur ungefähr 15 % der Gesamtzahl der Absolventen ausmachen. Von den Diplom-Absolventen haben jedoch nur ca. 5 % einen weiterführenden Master absolviert, i. d. R. im Ausland mangels geeigneter Angebote im Inland[3]. Bei den Bachelor-Absolventen liegt die Übergangsquote zum Master bei 25–30 %, mit etwas steigender Tendenz.

Obschon sich also das Ergebnis der Untersuchung vor allem auf Diplom-Wirtschaftsjuristen bezieht, sind diese Daten u. E. auch für Bachelor-Juristen aussagefähig, da die Umstellung auf den Bachelor keine erkennbare Veränderung bzgl. der Berufstätigkeit zur Folge gehabt hat.

Schließlich ist anzumerken, dass die Zahl der Master-Absolventen so gering ist, dass diese nicht gesondert ausgewiesen wird. Da das Diplom sich zwischen Bachelor und Master ansiedelt, ist aber davon auszugehen, dass die Daten grundsätzlich auch für den Master-Abschluss relevant sind. Ob und in welchem Maße sich der Berufseinstieg von Master-Absolventen von jenem der Bachelor unterscheidet, lässt sich aufgrund unserer Daten noch nicht feststellen.

Ähnlich vage ist die Frage zu beantworten, ob und in welchem Maße diese Daten letztlich repräsentativ für alle gleichartigen Studiengänge sind:
– Dafür spricht, dass das Grundkonzept und die angestrebte Berufsqualifizierung mit dem Standard der Wirtschaftsrechtlichen Hochschulvereinigung für wirtschaftsjuristische Bachelor-Studiengänge übereinstimmen.
– Dagegen spricht, dass diese Studiengänge unterschiedliche Profilierungen und Spezialisierungsgrade aufweisen, so dass zumindest davon auszugehen ist, dass es sektorielle Unterschiede gibt. Zum korrekten Verständnis der folgenden Darstellung ist es jedenfalls wichtig zu berücksichtigen, welche Schwerpunkte unsere Studiengänge aufweisen, da davon auszugehen ist, dass die Absolventen vor allem in diesen Feldern tätig sein wer-

---

3 In letzter Zeit ist aber der Trend zu beobachten, dass diese nachträglich einen berufsbegleitenden Master absolvieren.

den, was aber eben nicht für andere Hochschulen mit anderen Spezialisierungsangeboten gilt.

2. Berufstätigkeit

Die von den Absolventen ausgeübten Berufe sind sehr vielfältig. Um dem Überblick eine gewisse Systematik zu geben, werden zunächst jene Tätigkeiten dargestellt, die einem Studienschwerpunkt des Fachbereichs entsprechen, anschließend dann die sonstigen.

2.1 Tätigkeiten entsprechend den Schwerpunkten der Bachelor-Studiengänge[4]

(1) Der Studiengang ‚Wirtschaftsrecht' bietet im Hauptstudium drei Profilfelder, denen sich insgesamt ungefähr 60 % der berufstätigen Absolventen zuordnen lassen:

> (i) Profilfeld ‚Arbeitsrecht und Personalwirtschaft'
> Dieses Profilfeld hat eine klare Fokussierung, bei der sich jedoch zahlreiche Jobmöglichkeiten ergeben. Folgende Tätigkeiten werden von den Absolventen ausgeübt: Personalreferent in der Personalabteilung von Unternehmen oder Verwaltungen, Personalvermittler (inkl. Arbeitsagentur), Headhunter, Personalberater/-entwickler/ Coach, Mitarbeiter in arbeitsrechtlich orientierter Kanzlei, Fachreferent bei Gewerkschaften, Sozialverbänden, Weiterbildungs- bzw. Erwachsenenbildungseinrichtungen.
> Insgesamt sind ca. 21 % der Absolventen in diesem Berufsfeld tätig.
> (ii) Profilfeld ‚Finanzen und Steuern'[5]
> Dieser Studienschwerpunkt vermittelt eine Basisspezialisierung, die auf die Wirtschaftsbereiche Finanzdienstleistungen, Steuern und Wirtschaftsprüfung, aber auch die unternehmensinternen Finanz-, Steuer- und Controllingabteilungen abzielt. Auf der Grundlage der von den Absolventen ausgeübten Tätigkeiten können folgende Berufsfelder identifiziert werden:
> Tätigkeit in Steuerberatungs- und Wirtschaftsprüfungskanzleien: ca. 10 %,
> Tätigkeit im Bank- und Finanzsektor als Kundenbetreuer, Kreditsachbearbeiter, Kreditsicherheiten-Spezialist, Analyst, Investmentberater, Fachreferent bei der Bankaufsicht, Back-Office-Mitarbeiter von Investment Banken oder Beratern, Mitarbeiter in der Rechtsabteilung von Finanzinstituten, Sachbearbeiter und Berater im Versicherungswesen: ca. 10 %,

---

[4] Der frühere Master-Studiengang ‚Law and economics of change management' wurde eingestellt. Im derzeitigen LL.M.-Studiengang ‚Wirtschaftsrecht' werden die beiden auch im Bachelor ‚Wirtschaftsrecht' vorhandenen Profilfelder ‚Arbeitsrecht und Personalwirtschaft' sowie ‚Finanzen und Steuern' angeboten.

[5] Dieses Profilfeld gibt es erst seit 2006.

Tätigkeit im Finanzbereich von Unternehmen: Mitarbeiter im Bereich Buchhaltung, Rechnungslegung und Controlling: ca. 4 %.
Insgesamt können diesem Bereich also ca. 24 % der Absolventen zugerechnet werden.

(iii) Profilfeld *Unternehmensstrategie und rechtliche Rahmenbedingungen'*
Dieser Schwerpunkt mit einem breiteren Fokus ist vor allem auf unternehmensleitende und marktstrategische Tätigkeiten ausgerichtet und besitzt dabei Schwerpunkte im öffentlichen Wirtschaftsrecht, Kartellrecht, gewerblichen Rechtsschutz, Urheberrecht und Wettbewerbsrecht sowie der Unternehmensorganisation.
Folgende berufliche Tätigkeiten der Absolventen können hier eingeordnet werden: Geschäftsführer, Assistent der Geschäftsleitung, Sachbearbeiter bei Regulierungsbehörden (insbesondere Bundesnetzagentur), Fachreferent bei öffentlich-rechtlichen bzw. öffentlich-rechtlich regulierten Unternehmen (z. B. kommunalen Gesellschaften, Energieversorgern, ÖPNV), Tätigkeit in der öffentlichen Verwaltung, Tätigkeit in Rechtsanwaltskanzleien, der Rechtsabteilung von Unternehmen, Organisationen oder Verbänden, Manager gewerbliche Schutzrechte bei Unternehmen, Contract Manager, Revisor, Compliance-Mitarbeiter oder -Berater.
In diesen Bereichen sind ca. 15 % der Absolventen tätig, wovon die Hälfte einer Tätigkeit mit eindeutig juristischem Schwerpunkt nachgeht. Interessant dabei ist, dass dies der Bereich ist, zu dem Absolventen am ehesten in einem zweiten Karriereschritt gelangen, nachdem sie zunächst eine andere Tätigkeit ausgeübt haben.

(2) Der Studiengang *„International Business Law and Business Management'* deckt die wesentlichen der hiervor genannten Schwerpunkte in ihren internationalen Bezügen ab, wobei der Fokus auf private Wirtschaftsbeziehungen im internationalen Handelsgeschehen ausgerichtet ist. Eine Orientierung an klassischen Berufen bzw. Berufsfeldern ist hier nicht angestrebt, denn für viele Absolventen ist die internationale Tätigkeit Teil eines Aufgabenbereichs, der sich sowohl auf nationale als auch auf internationale Sachverhalte bezieht. Entsprechend können auch die Studierenden des Studiengangs ‚Wirtschaftsrecht' diese international ausgerichteten Lehrveranstaltungen als Wahlpflichtfächer belegen.

Dies dürfte auch ein Grund dafür sein, warum nur sehr wenige Absolventen eine international ausgerichtete Haupttätigkeit bzw. eine Tätigkeit im Ausland angeben, nämlich nur 1,5 %. Weitere Gründe dürften sein, dass dieser Studiengang erst seit 2002 existiert, nur die Hälfte der Studienplätze des Studiengangs ‚Wirtschaftsrecht' bietet, und entsprechend in der Erhebung unterrepräsentiert ist.

Wenn man jene Tätigkeiten mit berücksichtigt, die zwar nicht hauptberuflich, aber schwergewichtig international ausgerichtet sind, können folgende ausgeübten Tätigkeiten identifiziert werden: Außenwirtschaftsfachmann, Tätigkeit beim BAFA, Tätigkeit im Personalbereich mit Zuständigkeit für

Auslandsentsendungen, Vertragsmanager für internationale Handels- und Finanzierungsverträge, Sachbearbeiter internationaler Handelsverkehr/ internationale Zahlungsabwicklung, Tätigkeit bei Import / Export-Firmen, Entwicklung von internationalen Expansionsstrategien, Vertriebsverantwortung für Auslandsmärkte, Tätigkeit im internationalen Steuerrecht (insbesondere Verrechnungspreise), europaweite Konzernrevisortätigkeit, internationale Compliance.

2.2 Andere Tätigkeiten

Ungefähr 36 % der Absolventen üben Tätigkeiten aus, die keinem der Studienangebote des Fachbereichs ohne weiteres zugeordnet werden können, und bei denen z. T. auch kein zwingender Bezug zu einem wirtschaftsjuristischen Studium gegeben ist, zumindest wenn man dessen juristische Ausprägung zugrunde legt. Da das Studium jedoch erhebliche wirtschaftswissenschaftliche (insbesondere betriebswirtschaftliche) Bestandteile besitzt, ist es nicht verwunderlich, dass ein Teil der Studierenden eher Interesse an und Fähigkeiten in betriebswirtschaftlichen Tätigkeiten entwickelt und sich beruflich dorthin orientiert.

In der Reihenfolge der Häufigkeit der Nennungen ergeben sich hier insbesondere folgende Tätigkeitsfelder als Arbeitnehmer:
- Unternehmensberatung (ca. 5 %),
- Account Management, Produkt Management, Business Development Management (ca. 3 %),
- Marketing und Vertrieb (insbes. Verkaufsleiter) (ca. 3 %),
- Wissenschaftliche Mitarbeit an einer Hochschule (ca. 2 %),
- Insolvenzverwaltung (ca. 2 %),
- Sonstige: Projektmitarbeit/-leitung, Politikberatung, Öffentlichkeitsarbeit/ Interne Kommunikation, Logistik, Einkauf.

Ca. 6 % sehen ihr Studium offensichtlich in erster Linie als solide Basis für eine selbständige bzw. unternehmerische Tätigkeit. Genannt werden hier Tätigkeiten als Unternehmensberater, Personalberater/Coach, Dozent/Trainer, Finanz-, Anlagen oder Versicherungsberater, Immobilienmakler, Verleger/Buchhändler/Lektor, Marktforscher, Import/Export-Händler, Fußballmanager/-berater und Systemgastronomieentwickler.

2.3 Arbeitssuchend

Weniger als 2 % der Absolventen gaben an, arbeitssuchend zu sein. Diese Zahl dürfte zu gering sein, was damit zu erklären wäre, dass sich auf xing.de nur solche Absolventen registrieren, die nicht arbeitssuchend sind, und dass auch bei den Selbständigen eine gewisse verdeckte Arbeitslosigkeit existiert.

Die Gründe für diese z. T. mehrjährige Arbeitslosigkeit sind nicht transparent, dürften jedoch z. T. im privaten Bereich liegen (z. B. Elternzeit). Aufgrund einer stichprobeweisen Überprüfung nicht erfasster Absolventen sowie persönlicher Erfahrungen gibt es jedoch keinen Grund anzunehmen, dass die Arbeitslosenquote über dem Marktniveau liegt.

3. Karriere

Für einen realistischen Blick auf die Berufsperspektiven ist es auch hilfreich zu erkennen, wie sich das Studium in eine Berufslaufbahn einordnet und sich hierauf auswirkt.

3.1 Ausbildung und Berufstätigkeit vor Studienbeginn

Ca. 30 % der Absolventen geben an, dass sie vor Aufnahme des Studiums eine Ausbildung gemacht (i. d. R. im kaufmännischen Bereich oder als ReNo-, Steuer- oder Justizfachangestellte) und/oder bereits berufstätig gewesen sind. Dies liegt deutlich unter dem Schnitt unserer Studienanfänger insgesamt (50 %). Eine Ursache für diese Abweichung könnte sein, dass diese Information nach Studienende als nicht mehr relevant betrachtet und nicht mehr angegeben wird.

Im Bundestrend liegt das Durchschnittsalter bei Studienbeginn (knapp 23 Jahre). 35 – 40 % der Studienanfänger besitzen die allgemeine Hochschulreife, die anderen die Fachhochschulreife. Inwiefern sich die Art des Schulabschlusses auf den Studienerfolg und die Berufskarriere auswirkt, wurde bislang nicht ermittelt.

3.2 Dauer der Arbeitssuche für die erste Stelle

Soweit Angaben hierzu gemacht wurden (dies war bei knapp 200 Absolventen der Fall) ist der Berufseinstieg für die meisten sehr schnell nach Studienende erfolgt:

– Ca. 38 % hatten bereits eine Anstellung beim Studienabschluss (ungefähr zwei Drittel der Studierenden arbeiten während des Studiums (obschon es sich um Vollzeitstudiengänge handelt), z. T. auch dort, wo sie vor dem Studium tätig waren),
– weitere ca. 26 % haben ihre erste Stelle innerhalb von 3 Monaten angetreten,
– weitere 17,5 % innerhalb von 4–6 Monaten,
– bis zu einem Jahr haben ca. 13 % der Studierenden für den Berufseinstieg gebraucht,
– ca. 5 % noch länger, wobei hier nicht klar ist, inwiefern ggf. eine Elternzeit o. Ä. hierfür ursächlich sind.

3.3 Veränderung des Berufs

Ca. 85 % der Absolventen sind dem eingeschlagenen Berufsweg treu geblieben, ca. 15 % haben die erste Berufsorientierung geändert. Dies dürfte im Rahmen des zu Erwartenden liegen.

3.4 Führungspositionen

Nicht aussagekräftig beantwortet werden kann mangels belastbarer Daten die Frage, ob und in welchem Ausmaß ein beruflicher Aufstieg erfolgt ist. Es wäre wohl auch nicht korrekt, dies alleine auf das abgeschlossene Studium zurückzuführen, da hier bekanntlich Persönlichkeit und Leistungsfähigkeit wichtige Determinanten darstellen.

Entnehmen lässt sich jedoch den Daten, dass eine nennenswerte Anzahl Absolventen Funktionen als Bereichsleiter in unterschiedlichen Bereichen, auch solche mit juristischer Prägung, ausüben.

4. Arbeitgeber

Interessant ist schließlich noch die Frage, wer die Arbeitgeber der (abhängig beschäftigten) Absolventen sind und wo diese ihren Standort haben.

4.1 Wirtschaftszweige

Die Absolventen werden weit überwiegend in der Privatwirtschaft tätig. Lediglich ca. 4 % sind im öffentlichen Dienst beschäftigt (i. d. R. Bundesbehörden: Bundesnetzagentur, BAFA, Arbeitsagentur, Bundesimmobilienverwaltung, aber auch im kommunalen Bereich), ca. 3 % bei Kammern, Verbänden, Gewerkschaften.

Die Absolventen verteilen sich dabei auf alle Wirtschaftszweige. Schwerpunkte sind natürlich in den Bereichen Personaldienstleistungen, Steuerberatung/Wirtschaftsprüfung sowie Finanzdienstleistungen (jeweils auch als Selbständige), aber daneben sind Unternehmen aus den Bereichen Industrie (Automobilbau und -zulieferer, Energie, Chemie, Pharma, Metall), Handel (vor allem Einzelhandelsketten) und Dienstleistungen (Unternehmensberatung, Telekommunikation und IT, Logistik und Transport, Bildung, Freizeit, Gesundheit) vertreten.

4.2 Unternehmensgröße

Soweit Angaben zur Unternehmensgröße gemacht wurden (ca. 175 Absolventen) verteilen sich die Absolventen auf folgende Unternehmensgrößen:

Anzahl Unternehmensmitarbeiter	Prozent-Anteil
1 – 50	12 %
51 – 200	18 %
201 – 500	8,5 %
501 – 1.000	8,5 %
1.001 – 5.000	22 %
> 5000	31 %

4.3 Arbeitsort

Von den erfassten Absolventen arbeiten ca. 74,5 % in NRW, ca. 23 % im sonstigen Bundesgebiet und ca. 2,5 % im Ausland. Da die Studierenden zu ca. 90 % aus NRW stammen, zeigt sich in gewissem Maße eine räumliche Mobilitätsbereitschaft.

5. Fazit

Als Gesamtfazit können aus diesen Daten insbesondere folgende besonders wichtige Erkenntnisse abgeleitet werden:

(1) Die Bandbreite der Einsatzgebiete der Absolventen ist sehr groß. Dabei scheint die Wahl eines Profilfelds oder einer Spezialisierung im Studium naheliegenderweise zwar den Berufseinstieg zu erleichtern, umgekehrt aber keinen Hinderungsgrund darzustellen, später einen anders gelagerten Berufsweg einzuschlagen.[6] Allerdings ist daran zu erinnern, dass der Spezialisierungsgrad in den Bachelor-Studiengängen des Fachbereichs überschaubar ist (mit Ausnahme ggf. des Profilfelds ‚Arbeitsrecht und Personal').

Durch zusätzliche Untersuchungen zu klären wäre daher die Frage, ob eine weitergehende und engere Spezialisierung insbesondere im Master nicht zu anderen Ergebnissen führt.

(2) Daran schließt sich die Feststellung an, dass noch keine Aussage dazu getroffen werden kann, ob und in welcher Weise Berufsteinstieg und Berufstätigkeit von Master-Absolventen sich unterscheiden von jenen der Bachelor-Absolventen. Hier wird man erst einige Jahre Erfahrung sammeln müssen, um auch eine solidere Datenbasis zu besitzen.

(3) Die wenigsten Absolventen üben eine Tätigkeit aus, die man als klassisch juristisch bezeichnen könnte.

Daneben gibt es eine zweite Kategorie, die primär betriebswirtschaftliche Tätigkeiten als Angestellte oder Selbständige ausübt. Angesichts der Interdisziplinarität der Studiengänge ist dies nicht wirklich verwunderlich, vor allem wenn man bedenkt, dass sowohl Jura als auch Betriebswirtschafts-

---

6 Rund 72 % der Befragten haben angegeben, dass sie eine Tätigkeit mit Bezug zu ihrem Studium ausüben, die Hälfte davon sieht auch den engen Bezug zur gewählten Vertiefung.

lehre die klassischen Studiengänge für Verlegenheitsstudierende sind, die keine klaren Präferenzen für etwas anderes haben. Entsprechend hoch dürfte der Anteil solcher Studierender in wirtschaftsjuristischen Studiengängen sein. Dies zeigt aber auch zum einen, dass die Ausbildung so gut ist, dass die Absolventen im Vergleich mit Betriebswirten konkurrenzfähig sind, zum anderen, dass sich in einer arbeitsmarktmäßigen Betrachtung neue ‚Dimensionen' auftun, weil nicht nur der Markt für Juristen, sondern auch jener für Betriebswirte in die Betrachtungen einzubeziehen ist.

Zwischen diesen beiden Polen gibt es jene zahlenmäßig größte Gruppe von Absolventen, die Tätigkeiten ausüben, die nicht im klassischen Sinne primär juristisch sind, aber solide juristische Fähigkeiten erfordern, und dabei gleichzeitig auch Kenntnisse in anderen Bereichen, die in unserem Fall i. W. betriebswirtschaftlich (in seltenen Fällen auch volkswirtschaftlich) sind.[7]

Dies zeigt, dass die interdisziplinäre Ausrichtung der Studiengänge den Arbeitsmarkterfordernissen entspricht – zumindest für diese Berufsfelder.

(4) Aus diesen Feststellungen ergibt sich die letzte Schlussfolgerung, die eher als zu verifizierende Hypothese zu verstehen ist: Dass nämlich interdisziplinär ausgebildete Wirtschaftsjuristen ein eigenes Berufsbild besitzen bzw. ein eigenes Berufsfeld besetzen, das sie deutlich von Volljuristen unterscheidet.[8]

---

[7] Denkbar sind daneben auch Studiengänge, die interdisziplinär mit sozial-, politik-, ingenieur- oder naturwissenschaftlichen Inhalten konzipiert sind.

[8] Sie hierzu den Beitrag „Ein neues Verständnis der Juristenberufe und Juristenausbildungen" (S. 150).

Wirtschaftsjuristen: freiberufliche Rechtsdienstleister?

Klaus W. Slapnicar

1.

Für fast 600 Jahre bis zur Spätklassik im ausgehenden 4. Jahrhundert entschied nicht ein habilitierter OLG-Rat[1] einen Rechtsstreit in Rom, sondern ein iudex privatus[2] im Legisaktionen-[3] und im Formularprozess.[4] Die streitenden Parteien mussten sich vor dem juristisch kundigen Praetor (in iure) auf einen streitentscheidenden Richter (apud iudicem), einen quivis ex populo einigen, der im Gegensatz zu den Amtswaltern mit gesundem Menschenverstand und als einfacher Bürger den mit der Formel vorprogrammierten Fall entschied. Imperiti enim iudicant, heißt es in den Quellen[5], und die von den Parteien frei getroffene Wahl eines Privatrichters repräsentierte einen grundlegenden Teil der Rechtssicherheit im römischen Prozesssystem.[6] Richter in Rom zu werden, war ehrenamtlich und bedeutete zudem Arbeits- und Einkommensverlust[7]. Fehlendes juristisches Fachwissen wurde durch Lebenserfahrung der autonom ausgewählten Person kompensiert[8].

1.1

Dieser einführende Rückblick lehrt uns, dass Einzelfallentscheidungen in der Blütezeit des römischen Rechts auf einer Streitkultur fußten, die vor Gericht nicht von Richtern im heutigen Sinne und nicht von Rechtsanwälten, sondern auf der Grundlage erstatteter consulta juris beherrscht wurde und dessen Streitbeilegung durch Nichtjuristen erfolgte.

---

1 Stellungnahme des Deutschen Anwaltsvereins zum BR-Entwurf eines Gesetzes zur Einführung von Kammern für internationale Handelssachen (BR 042/10, 2010, 6 (Rn. 10)).
2 *Burdese*, Sulla responsabilità del „iudex privatus" nell processo formulare, in: Diritto e processo nella esperienza romana, 1994, 153, 184.
3 Näher dazu: *Vidalin*, Le magistrat et le juge des legis actiones: leurs fonctions, 1968, passim.
4 Näher dazu: *Kaser/Hackl*. Das römische Zivilprozeßrecht, 2. Aufl. 1996, § 23, S. 163 f.
5 *Quintilian*, Institutio oratoria, 2, 17, 27 a. E.
6 *Paricio*, Note sulla sicurezza giuridica in Roma, in: La certezza del diritto nell'esperienza giuridica romana, 1987, 101 ff.
7 *Gagliardi*, Zur Figur des iudex privatus im römischen Zivilprozess – Eine historisch-soziologische Untersuchung auf der Grundlage literarischer Quellen, RIDA 2008, 241, 260.
8 *Gagliardi* (Fn. 7) RIDA 2008, 241, 263.

1.2

Da das römische Recht über mehr als ein halbes Jahrtausend nur eine Streitentscheidung mit einer Instanz kannte (keinen Rechtswegestaat, wie wir ihn heute kennen), hatte Streitschlichtung und dessen Beilegung einen ebenso hohen Stellenwert gegenüber Rechthaberei, wie die sich heute allenthalben verbreitende Mediation.

1.3

Aber viel wichtiger scheint mir themenbezogen die daraus abgeleitete Erkenntnis, dass Rechtsdienstleistungen (RDL) im Sinne von § 2 I RDG, nämlich jede konkrete Tätigkeit zur rechtlichen Prüfung des Einzelfalls in fremden Angelegenheiten, mit langer Tradition, sogar durch Nichtjuristen erledigt wurde.

Bitte erwarten Sie keine typisch hermeneutische Auslegung des RDG von mir, die bisher verschlossene Pforten für Wirtschaftsjuristen öffnen könnte. Vordergründiges Ziel des im 1. Kabinett Merkel verabschiedeten und am 01.07.2008 in Kraft getretenen Gesetzes war es, Rechtsuchende, Rechtsverkehr und die Rechtsordnung insgesamt vor unqualifizierten Rechtsdienstleistungen zu schützen (§ 1 I 2 RDG) und das Anwaltsmonopol zu beenden(!).[9] Unausgesprochen richtet sich das RDG eindeutig gegen akademisch gebildete Wirtschaftsjuristen. Sie sollen von außergerichtlicher Rechtsdienstleistung ferngehalten werden.[10]

Das RDG ist klar ein Gesetz, das subkutan einen unzulässigen Konkurrenzschutz für Rechtsanwälte bewirkt und damit Fragen der Qualifikation für die Zulassung zur Anwaltschaft mit solchen der Rechtsberatung vermischt. Unter dem Vorwand des Schutzes vor „Quacksalbern"[11] auf dem juristischen Feld wird die Rechtsberatung für Anwälte staatlich stark reglementiert und monopolisiert, Wirtschaftsjuristen diskriminiert und ein Reservat in verfassungswidriger Weise institutionalisiert. Dieses schon im Entstehen stark kritisierte[12] RDG braucht in seiner teleologischen Zielsetzung auch nicht zu verwundern, waren in der 16. Wahlperiode des Deutschen Bundestages (2005 – 2009) von den 34 Mitgliedern des Rechtsaus-

---

9 *Trips-Hebert*, Wissenschaftlicher Dienst: Rechtsdienstleistungsgesetz, 1 (http://www.bundestag.de/dokumente/analysen/2008/rechtsdienstleistungsgesetz.pdf) (abgefragt 28.09.2012).
10 *Haack*, Wirtschaftsjuristen vs. Volljuristen – Konkurrenz oder Kooperation?, Legal Tribune online, 15.10.2010.
11 *Römermann*, Rechtsdienstleistungsgesetz – Die (un)heimliche Revolution in der Rechtsberatungbranche, NJW 2006, 3025 ff.
12 *Everling*, Welche gesetzlichen Regelungen empfehlen sich für das Recht der rechtsberatenden Berufe, insbesondere im Hinblick auf die Entwicklung in der Europäischen Gemeinschaft?, Gutachten C zum 58. Deutschen Juristentag, München 1990, C 69 ff, C 91.

schusses 20 aus der Anwaltschaft[13] und stimmten in eigener Betroffenheit zur Konkurrenzabwehr ab.

Wirtschaftsjuristen können nach § 6 RDG Rechtsdienstleistungen zum einen wie alle anderen unentgeltlich erbringen, davon aber nicht freiberuflich leben. Zum anderen kommt die (produktbegleitende) Nebenleistung einer anderen Haupttätigkeit als Annex-Kompetenz in Betracht. Werden RDL allerdings nach § 6 II RDG „außerhalb familiärer, nachbarschaftlicher oder ähnlich enger persönlicher Beziehungen" erbracht, dann müssen die altruistischen Berater unter Kuratel eines zum Richteramt befähigten „Volljuristen" agieren. Zum einen könnten Wirtschaftsjuristen von unentgeltlicher Rechtsberatung nicht ihr Leben finanzieren und zum anderen wird dabei ihr juristisches Ausbildungspotential auf null herabgewürdigt. Auch die nach § 5 II RDG in Zusammenhang mit einer anderen Tätigkeit als Testamentsvollstrecker, Immobilienverwalter oder Fördermittelberater in Nebenleistung entfaltete RDL ist kein für Wirtschaftsjuristen ernsthaft zu beschreitender Weg freiberuflichen Tuns. Im Übrigen sind die für universitär gebildete Juristen in § 5 II RDG exemplarisch als erlaubte RDL erwähnten Tätigkeiten infolge diesbezüglich fehlender akademischer Ausbildung in der Regel verschlossen. Gleichwohl lässt das RDG für einen Wohnungseigentumsverwalter als erlaubte Nebenleistung die Beratung über grundstücksfokussierte Themenstellungen zu, verwehrt aber juristisch gebildeten Wirtschaftsjuristen, die sich im Erbrecht schwerpunktmäßig qualifiziert haben, die dementsprechende, außergerichtlich zu erbringende RDL.

§ 7 I RDG, der Rechtsdienstleistungen im Zusammenhang mit Berufs- oder Interessenvereinigungen und bei Genossenschaften erlaubt, ist (nur) mit erheblichem Begründungs- und Konstruktionsaufwand für Wirtschaftsjuristen verbunden und leistbar: beispielsweise mit Gründung der neuen Kapitalgesellschaft (ohne Startkapital), einer UG (haftungsbeschränkt), mit diesbezüglichem In-House-Lawying für die beruflichen oder Mitgliederinteressen der darin Zusammengeschlossenen; § 7 I Nr. 1 RDG. Auch die in Genossenschaften gegenüber deren Organen und Mitgliedern wahrgenommenen RDL nach § 7 I Nr. 2 RDG stehen ebenfalls – wie bereits bei unentgeltlicher Rechtsberatung nach § 6 RDG gewürdigt – unter der Anleitung oder Kuratel eines zum Richteramt Befähigten. Alles dies führt nicht zur adäquaten Umsetzung der originär erworbenen wirtschaftsjuristischen Kompetenz und blendet deren akademische Ausbildung systematisch und gezielt aus.

---

13 10 MdB der CDU/CSU: Gebh, Geis, Granold, Grosse-Böhmer, Siegfried Kauder, Krings, Merz, Andreas Schmidt, Voßhof und Wanderwitz; 6 MdB der SPD: Benneter, Dankert, Kröning, Lambrecht, Mersch und Strässer; 1 MdB von Die Linke: Maurer; 3 MdB von Bündnis 90/Die Grünen: Montag, Ströbele und Wieland.

Deswegen möchte ich Ihnen für die ausschließlich politisch zu führende Auseinandersetzung um den Zugang von freiberuflich tätigen Wirtschaftsjuristen ein paar neue Argumentationsfiguren an die Hand geben.

2.

Erst im 12., dem von Hans Schlosser (* 1937) so treffend bezeichneten „juristischen Jahrhundert"[14], nach Auffinden einer Abschrift des Corpus Juris Civilis (CJC), entstanden von 528 – 533 in der Zeit Kaiser Justinians (482 – 565), beginnt in Bologna juristische Ausbildung, aber zunächst mehr unter dem Gesichtspunkt der „concordantia disconcordantium"[15], eher philologisch und lexikalisch, ohne daraus anwendungsbezogene Maximen zur Streitbeilegung zu entwickeln.

Die Praxisorientierung und die Erkenntnis, den im CJC versammelten, juristischen Erfahrungsschatz zur Streitbeilegung in der Gesellschaft zu nutzen, nahmen fast zwei Jahrhunderte in Anspruch. Es geschah erst mit den so genannten Postglossatoren oder Kommentatoren im 14. und 15. Jahrhundert. Als akademisch gebildete Räte kamen Juristen nach ihren Studien in Italien als Rechtsberater der mittelalterlichen Obrigkeit nach Deutschland zurück und erbrachten auf dem Gebiet des subsidiär bis zum 31.12.1899 geltenden CJC und mit ihrer Hilfe konzipierten Stadtrechte erstmals RDL durch Beratung.

Aber auch diese Beratungskompetenz war nicht auf akademisch ausgebildete Juristen beschränkt. Noch bis in das 20. Jahrhundert gab es neben den Anwälten durch juristische Studien auf das Ideal eines habilitierten OLG-Rates für die Ämter als Richter/-innen, Staatsanwälte und Verwaltungsbeamte vorbereitet Rechtsberater, die keine juristische Ausbildung genossen hatten (Rechtskonsulent), ähnlich den heute noch für außergerichtliche RDL speziell zugelassenen Rentenberatern und/oder Inkassodienstleistern, die als registrierte Erlaubnisinhaber zulässigerweise RDL erbringen. Im Arbeitsrecht tritt heute noch der Gewerkschafts- oder Rechtssekretär in Erscheinung. Er kann Gewerkschaftsmitglieder beraten und bis zum LAG auch gerichtlich vertreten, ohne über zwei Examina verfügen zu müssen.

Bis 1935 gab es in Deutschland überhaupt keine gesetzliche Regelung, die personell den Zugang zur Rechtsberatung beschränkte. Im Gegenteil: Seit Inkrafttreten der GewO von 1869 umfasste sie auch die gewerbliche Besorgung fremder Rechtsangelegenheiten im Einzelfall. Jeder, der sich dazu im

---

14 *Schlosser*, Grundzüge der Neueren Privatrechtsgeschichte – Rechtsentwicklungen in europäischen Kontext, 10. Aufl. 2005, 54.
15 Der Kirchenrechtslehrer Gratian von Bologna (* am Ende des 11. Jahrhunderts bis 1160) verfasste zwischen 1125 und 1140 sein gleichnamiges Werk: „Concordantia disconcordantium canonum".

Stande fühlte, also der uns schon hinlänglich bekannte quivis ex populo, konnte RDL erbringen, gerichtlich wie außergerichtlich.

3.

Im Dezember (genau am: 13.12.) 1935 wurde mit dem „Gesetz zur Verhütung von Missbräuchen auf dem Gebiet der Rechtsberatung", das diese Grundlinie bis 1962 als Rechtsberatungsgesetz (RBerG) beibehielt, erstmals legislativ ein Verbot der Rechtsberatung mit Erlaubnisvorbehalt statuiert. Dies geschah vorgeschoben nach außen, um die RDL zu professionalisieren: „Sicherstellung der Reibungslosigkeit der Rechtspflege"[16] im damaligen Jargon. Es kam auf Eignung, Befähigung, Zuverlässigkeit und Sachkunde des „Rechtswahrers" an. Politisch verfolgte dieses ideologisch hochkontaminierte nationalsozialistische Regelungswerk ganz andere Ziele: Das Wichtigste war mit tödlich organisierter Exaktheit, jüdische Rechtsanwälte aus der Rechtspflege zu eliminieren („unwürdige Elemente, die als Juden die Dekadenzjuristerei vergangener Epochen fortführen"[17], so „Reichsrechtsführer" Hans Frank (1900 – 1946)), ebenso missliebig gewordene Juristen und insbesondere Frauen als Rechtsanwältinnen seit dem an Reichsjustizminister Gürtner (1881 – 1942) gerichteten „Führererlaß" von 24.08.1936, diese nicht mehr zulassen[18]. Hitler (1889 – 1945) war ein erklärter und entschiedener Gegner der Zulassung von Frauen zum Richteramt oder zur Anwaltschaft.[19]

Im heutigen § 9 I RDG ist eine Untersagung von Rechtdienstleistungen nur dann möglich, „wenn begründete Tatsachen die Annahme dauerhaft unqualifizierter Rechtsdienstleistungen zum Nachteil der Rechtsuchenden oder des Rechtsverkehrs rechtfertigen"; was nach § 9 III RDG nicht bei unentgeltlicher Rechtsberatung gilt.

4.

„Unter Geltung des 1962 in der Headline weichgespülten"[20] RBerG begann in Deutschland aufgrund einer 1971 eingeführten Experimentierklausel im

---

16 Näher dazu *Prellwitz*, Ein Relikt aus der NS-Zeit: das Rechtsberatungsgesetz von 1935, Humanistische Union, Mitteilung 174, 45 f.; *Kramer*, Alles mit rechten Dingen? – Zur Entstehungsgeschichte und zum Missbrauch des Rechtsberatungsmissbrauchsgesetzes von 1935 (http://kramerwf.de/Alles-mit-rechten-Dingen.74.0.html) (abgefragt am 25.09.2012).
17 *Hans Frank*, JW 1935, 2449.
18 Nachweise dazu bei *Meier-Scherling*, Die Benachteiligung der Juristinnen zwischen 1933 bis 1945, DRiZ 1975, 10 ff. Unter dem Betreff: „Zulassung von Frauen zur Anwaltschaft" heißt es: „Er <der Führer> hat entschieden, dass Frauen weder Richter noch Anwalt werden sollen".
19 Dazu näher *Eggert*, Rechtsanwältinnen im Bezirk der Rechtsanwaltskammer Frankfurt am Main, o. J., 40, 139, 145, 146.
20 *Kramer* (Fn. 16).

§ 5b DRiG, 1970 vom Deutschen Juristentag in Mainz[21] favorisiert, für über 15 Jahre die „einstufige Juristenausbildung" in fast allen Ländern der alten BRD, allerdings ohne Berlin und das Saarland, meist an neu gegründeten Universitäten. Synchron blieben die klassischen, durch zwei juristische Staatsexamina geprägten zweistufigen Ausbildungssysteme bestehen, wohl der entscheidende Geburtsfehler dieses Experiments.[22] Im Gefolge des politischen Wechsels von Helmut Schmidt (* 1918) auf das 1. Kabinett Kohl (* 1930) unter Bundesjustizminister Engelhard (1934 – 2008) wurde 1984 durch entsprechende Gesetzesänderung diese innovative Ausbildung wieder abgeschafft. „Experiment gelungen – Patient tot?" lautete der enttäuschte Kommentar Pollähnes (* 1959) zum gescheiterten einstufigen Reformmodell, das „Opfer einer politisch motivierten Vivisektion geworden"[23] war. Maßgeblich zum Scheitern trugen folgende, von Pollähne artikulierten Umstände bei: unangetastete Richterzentrierung der Ausbildung, zu schematische Theorie-Praxis-Integration, enorme Verschulung, fehlende überzeugende didaktische Einbeziehung der Sozialwissenschaften, zeitlich unkoordinierte Straffung ohne adäquate Reduktion des Stoffes und schließlich Vorverlagerung der Selektionsfunktion des 1. Staatsexamens auf die universitäre Zwischenprüfung.[24]

Ohne Staatsexamina und ohne Referendariat gelang es damals, lediglich durch ein in der Regel sechsjähriges Studium in Kleingruppen mit ausbildungsbegleitenden Leistungsnachweisen (!), einer Zwischenprüfung und einer Praxiszeit (von ca. 1/3 der Studiendauer) beim Amtsgericht und Rechtsanwalt nach einer universitär verantworteten Abschlussarbeit so genannter „Volljurist" zu werden. Prominente Vertreter dieser der FH-Ausbildung vom Wirtschaftsjuristen gravierend ähnlichen akademischen Ausbildung sind der Hamburger Präses Olaf Scholz (* 1958), das Mitglied des Bundestages und langjährige Senator in Bremen Volker Kröning (* 1945), der juristische Journalist Martin W. Huff (FAZ, NJW, Legal Tribune, RAK Köln) (* 1959) und die universitären Kollegen Martin Hennsler (Köln) (* 1953), Elke Gurlit (Mainz) (* 1959), Christian Osterrieth (Konstanz) (* 1959), Barbara Remmert (Tübingen) (* 1964) und Joachim Zekoll (Frankfurt am Main) (* 1955). Insgesamt betrug in den Jahren 1977 bis 1993 der Output von Absolventen der einstufigen Juristenausbildung 7.085 Personen.[25]

---

21 Koinzidenz der Ereignisse: Hier startete auch die erste Kohorte der Wirtschaftsjuristen-Ausbildung im WS 1993/94 und fünf Jahre später wurde in Mainz die Wirtschaftsjuristische Hochschulvereinigung (WHV) im November 1998 gegründet.
22 Näher dazu kritisch: *Pollähne*, Juristenausbildung in der Bundesrepublik Deutschland: Von Reformphasen und Phasenreformen, 2006, unter D: Reformabwicklungsphase, 14 ff.
23 *Pollähne* (Fn. 22) 15 unten unter Bezugnahme auf *Wesel* in dortiger Fn. 51.
24 *Pollähne* (Fn. 22) 14 f.
25 Bundesamt für Justiz Ausbildungsstatistik: Zeitreihe über die Zahl der im Bundesgebiet erfolgreichen Kandidaten von 1959 bis 2010, auf dem Stand vom 06.12.2011.

5.

Vor über 20 Jahren starteten konstruktive Überlegungen, die neuen Hochschulen, die heutigen universities of applied sciences, aus ihrem Ghetto von ingenieur- und betriebswirtschaftlichen Studien mit einem neuen Studienangebot Wirtschaftsrecht herauszuführen und zu profilieren.

Der heutige Erfolg des wirtschaftsjuristischen Studienangebots geht in seinen Anfängen auf die 1990er Jahre zurück. Es hat sich mittlerweile durch einen bundesrepublikanischen Flächenbrand zu einem neuen Leuchtfeuer der Innovationsfähigkeit deutscher Fachhochschulen (FHen) entwickeln können. In kongenialer Weise ist, an unterschiedlichen Stellen, unabhängig voneinander an dem akademisch gebildeten Wirtschaftsjuristen „gewerkelt" worden. Drei unterschiedliche Quellen speisten den Strom des immer mächtiger gewordenen Wirtschaftsrechts[26].

Zum einen flossen an der FH Mainz die großen forensischen Erfahrungen Birger Kropshofers (* 1951) als Rechtsanwalt, verdichtet, strukturiert und optimiert ein, um daraus ein neues Studienangebot Wirtschaftsrecht zu kreieren. Zu derselben Zeit unternahm es Roland Schmidt (* 1941) an der Fachhochschule Nordostniedersachsen, Grundlagen für das später nach seinem Entstehungsort genannte „Lüneburger Modell" auf den Weg zu bringen und zu präzisieren. Die Motivation Schmidts speiste sich aus zwei Umständen: zum einen aus der Unzufriedenheit als Volljurist mit seiner eigenen erlebten juristischen Ausbildung, zum anderen aus der durch seine jahrelange Tätigkeit als Kanzler einer Fachhochschule gewonnenen Überzeugung erfolgreicher praxisorientierter Ausbildung. Zwei politische Anstöße bildeten dann den konkreten Auslöser für die Entwicklung eines Studienganges Wirtschaftsrecht: einerseits die „Empfehlungen zur Entwicklung der Fachhochschulen in den 1990er Jahren" des Wissenschaftsrates und andererseits das darauf aufbauende „Fachhochschulentwicklungsprogramm" der damaligen Wissenschaftsministerin des Landes Niedersachsen, Helga Schuchhardt (* 1939). Der Wissenschaftsrat hatte in seinem Gutachten konkret empfohlen, „interdisziplinäre Studiengänge aus den Rechts-, Verwaltungs- und Wirtschaftswissenschaften" einzuführen. Dies war das Initiale für Schmidt, in seinem anvisierten Konzept substantielle betriebswirtschaftliche Komponenten vorzusehen, um den Diplom-Wirtschaftsjuristen einen klaren Wettbewerbsvorteil gegenüber Konkurrenten mit herkömmlicher Juristenausbildung zu verschaffen[27].

---

[26] Näher dazu *Slapnicar*, Notwendigkeit einer spezifisch wirtschaftsjuristischen Methodik und Didaktik, in: Rechtslehre, Jahrbuch der Rechtsdidaktik 2011, 2012, 109 ff.

[27] Bestätigender Befund bei: *Leendertse*, Auf Augenhöhe mit den Volljuristen – Fachhochschulabsolventen haben in Anwaltskanzleien nichts zu suchen. Davon sind zumindest die offiziellen Standesvertreter der Anwaltschaft fest überzeugt. Und doch: Immer mehr FH-Absolventen halten Einzug in Großkanzleien, Handelsblatt vom 04.07.2007.

Angeregt durch diese ersten konkretisierenden Überlegungen zu einem Studienangebot von Wirtschaftsrecht in Niedersachsen machte sich auch eine Gruppe meist jüngerer Hochschullehrer im Fachbereich Wirtschaft der FH Frankfurt am Main[28] an die Arbeit, einen Ziel- und Aufgabenkatalog für ein berufsbegleitendes wirtschaftsjuristisches Studium in einem eigenen Fachbereich vorzubereiten. Infolge Wechsels an der Spitze des Hessischen Wissenschaftsministeriums von Evelies Mayer (* 1938) auf Christine Hohmann-Dennhart (* 1950) und des Rektoratswechsels vom Sozialwissenschaftler Johann Schneider (* 1942) auf seinen Amtsvorgänger, den Juristen Rolf Kessler (* 1942), in der Leitung der Frankfurter Hochschule (HS) trat eine „Denkpause" ein und das realisierungsreife Modell eines berufsbegleitenden Wirtschaftsrechtsstudiums, ein USP für die FHen der damaligen Zeit, realisierte sich nicht. Zum Nachfolge-Modell der Frankfurter Vorarbeiten avancierte dann Schmalkalden mit dem stilbildenden siebensemestrigen Diplom-Studienprogramm von drei Semestern Grundstudium und vier Semestern Hauptstudium mit an der Nahtstelle integriertem Praxissemester im Anschluss an das Vordiplom.

Allen drei Konzeptionen war die Kundenorientierung als gelebtes Prinzip gemein, was sich durch unterschiedlich institutionalisierte und zusammengesetzte Praktikerbeiräte zur stetigen Vergewisserung von Erwartungshorizonten des Beschäftigungssystems niederschlug.

Im WS 1993/94 startete das Studienangebot Wirtschaftsrecht erstmals in Mainz, dann ein Jahr später in Lüneburg (WS 1994/95) als bundesrepublikanischer Modellversuch, gefolgt von Recklinghausen und Wismar zu Beginn des WS 1995/96 und wiederum ein Jahr später in Schmalkalden (WS 1996/97) mit dem von den klassischen Volljuristen polemisch „angefeindeten"[29]

---

28 Marion Kraus-Grünewald, Horst Bachmann, Karl-Willi Schlemmer, Jörg Tabbert und der Autor.
29 Deutscher Juristen-Fakultätentag vom 14.01.1993, Stellungnahme zur Fachhochschulausbildung sog. Wirtschaftsjuristen; Ausbildung zum „Diplom-Wirtschaftsjuristen" an der Fachhochschule Lüneburg – Stellungnahme der Juristischen Fakultäten der Universitäten Göttingen und Hannover aus dem Jahre 1993 (dazu *o. V.*, Ein Schildbürgerstreich – Uni Göttingen kritisiert Juristenausbildung in Lüneburg, Hannoversche Allgemeine Zeitung vom 28.12.1993); *Fritz Loos*, Abwegiges Streben nach Fachhochschul-Juristen, FAZ vom 21.06.1993; *Reinhard Mußgnug*, Der Diplom-Wirtschaftsjurist – Eine gute Sache mit falschem Namen und einigen Übertreibungen, MittHV 1993, S. 252 ff.; *derselbe*, Viel Mut zur Oberflächlichkeit – Der Lüneburger Diplom-Wirtschaftsjurist, ein zukunftsweisendes Projekt mit überzogenem Anspruch, Die Welt vom 14.03.1994; *derselbe*, Contra Juristische FH-Studiengänge, Forschung & Lehre, 2000, S. 143; *Frank Fischer*, Der „Diplom-Wirtschaftsjurist" (FH) – Etikettenschwindel oder Ausweg, AnwBl 1994, S. 77 f.; *Angela Lindner*, FH-Juristen nicht zu stoppen, DUZ 1994, Heft 9, S. 18; *Bernhard Dombek*, Dem Schwindel aufgesessen – Interview mit Vizepräsident Dr. Bernhard Dombeck, Bundesrechtsanwaltskammer, Südthüringer Zeitung (stz) vom 23.02.1995; *Ulrich Stobbe*, Die Ausbildung künftiger Juristen und Juristinnen und die europäische Rechtsharmonisierung, AnwBl. 2001, S. 136: „blasphemischer Etikettenschwindel" (S. 139).

Abschluss als „Diplom-Wirtschaftsjurist/in" an deutschen FHen. Gipfel des Widerstandes war die von einem Mitglied einer namhaften Kölner Anwaltskanzlei, Manfred Schiedermair (1932 – 2009), Bruder des damaligen langjährigen DHV-Präsidenten Hartmut Schiedermair (* 1936), angestrengte wettbewerbsrechtlich begründete Unterlassungsklage gegen die FH Nordostniedersachsen in Lüneburg als Störerin, die Verleihung des angeblich irreführenden akademischen staatlichen Hochschulgrades „Diplom-Wirtschaftsjurist/in (FH)" vor den Zivilgerichten (!) verbieten zu lassen[30]. Der BGH[31] verwies diesen untauglichen Versuch an die zuständige Verwaltungsgerichtsbarkeit. Damit hatte sich der Kampf des „pfiffigen Davids ... gegenüber dem Goliath des Juristenestablishments"[32] zur Diversifikation der Juristenausbildung spektakulär durchsetzen können. Die an das Verwaltungsgericht Lüneburg verwiesene Klage nahm der Kläger dann umstandslos zurück. Über die Motive der den Wirtschaftsjuristen ablehnenden, festgefügten universitären und anwaltlichen Phalanx lassen sich nur Mutmaßungen anstellen. Roland Schmidt nennt dafür drei Gründe: zum einen „die bedrohte Standesehre", zum zweiten „Konkurrenzangst" und zum dritten „Befürchtungen im Universitätssektor" mit dem Studienangebot Wirtschaftsrecht an FHen, „einen weiteren Schritt ... <der> Gleichstellung mit den Universitäten zu erreichen"[33].

Wirtschaftsrecht an FHen wurde im Laufe der Zeit nicht nur ein charakteristisches Markenzeichen und Exportschlager (in die Schweiz, nach Österreich, Georgien und in die Mongolei). Vielmehr geriet dieses Studienangebot für die Entwicklung der „universities of applied sciences" insgesamt zur Sternstunde, wie dies der langjährige Vizepräsident der HRK und damalige Pforzheimer Rektor, Rupert Huth (* 1934), auf der Recklinghäuser Zusammenkunft der Wirtschaftsjuristischen Hochschulvereinigung (WHV) 1999 apostrophierte und der lange Zeit amtierende Hauptgeschäftsführer (1971 – 1981) und Präsident von Gesamtmetall (1996 – 2000) Werner Stumpfe (* 1937) nachhaltig begrüßte.

---

30 *Martin W. Huff*, Klage gegen Diplom-Wirtschaftsjurist – Vorwurf wettbewerbwidrigen Verhaltens / Welches Gericht ist zuständig?, FAZ vom 03.02.1996.
31 BGH, Beschluss vom 05.06.1997 – I ZB 3/96 – NJW 1998, 546 f. Der Leitsatz lautet: Für die Unterlassungsklage eines Rechtsanwalts, mit der ein Verbot für die beklagte Fachhochschule erstrebt wird, den Absolventen des von ihr angebotenen Studiengangs „Wirtschaftsrecht" die akademische Graduierung „Diplom-Wirtschaftsjurist/in (FH)" zu verleihen, ist der Rechtsweg zu den Verwaltungsgerichten eröffnet.
32 *Roland Schmidt*, Wie und warum der Studiengang Wirtschaftsrecht der Fachhochschule Nordostniedersachen entstand, in: *Michael Hermann* (Hrsg.), Wirtschaftsrecht und Mediation. Festschrift für Walther Gottwald, 2005, 9, 21.
33 *Roland Schmidt* (Fn. 32) 16 f.

6.

Die Absicht aller Konzeptionäre von Wirtschaftsrecht an FHen war es nicht, die deutsche Juristenausbildung wieder einmal mit naturgesetzlicher Ankündigung von Reformen im 10-Jahres-Rhythmus zu optimieren.[34] Auch machten wir uns keine zielführenden Gedanken um das gerichtliche Auftreten der Diplom-Wirtschaftsjuristinnen und -juristen. Zielprojektion war nach umfangreichen forensischen Recherchen bei Wirtschaft, deren Verbänden und in IHKen, der durch die empirischen Explorationen sich mehr und mehr konkretisierende In-House-Lawyer, der als Gestaltungsjurist mit seiner Mischqualifikation von mehr als 50 % Recht, 30 % Ökonomie und mindestens 10 % Schlüsselqualifikationen prophylaktisch rechtliche Auseinandersetzungen im Ansatz erkennen, Instrumente zu deren Verhinderung einsetzen und damit in ökonomischer Weise der Rechtspflege vorausschauend dienen sollte. Gleichwohl, das zeigte die weitere Entwicklung von Wirtschaftsjuristen an anwendungsorientierten Hochschulen, setzen die FHen mit dem heute an über 30 Standorten im Inland und auch als Exportschlager eine bedeutende Bench-Mark, die später auch universitäre Nachahmer fand.

Die klassische Juristenausbildung jagt nicht nur schon seit Längerem mit ihrem Output „Voll- oder Einheitsjuristen" einer Chimäre nach. Vielmehr pointiert auch der 16. Bericht der Monopolkommission 2006, dass die neuerdings als Diplom-Juristen mit 1. juristischer Prüfung (kein ausschließliches Staatsexamen mehr wegen der zwei Schwerpunktklausuren von 3 Stunden Dauer mit 30 % Bewertung gegenüber sechs Prüfungsamtsklausuren von 5 Stunden Dauer mit 70 % Bewertung)[35], zwar zu 100 % Recht studierten, aber damit nicht 100 % der Rechtsordnung beherrschen[36]. Noch sarkastischer kolportiert Kilger, von 2003 bis 2009 Präsident des Deutschen Anwaltsvereins, den bekannten Merksatz: „Inzwischen befähigt die Befähigung zum Richteramt nicht einmal mehr zum Richteramt."[37] Die nach dem Referendariat erlangte Berufsbezeichnung als „Assessor/in jur.", die als „Voll- oder Einheitsjurist" mantrahaft artikuliert wird, ist lediglich nur

---

34 *Wassermann*, Die Reform findet endlich statt. Praxisbezogenes Studium – wissenschaftsorientierte Praxis, Zeit-online, 15.02.1974 zur einstufigen Juristenausbildung mit dem zutreffenden Hinweis auf den initialen Paukenschlag im Jahre 1968 in der Evangelischen Akademie Loccum: „Es gibt eine Geschichte der juristischen Ausbildungsreform, aber die Reform findet nicht statt.". Juristerei: Wissenschaft oder Handwerk? – Die Juristenausbildung in der Dauerkrise, Sommertagung der IMPRS für vergleichende Rechtsgeschichte, 08. – 09. Juni 2012 (Schloss Herborn).
35 Ein Schelm, der etwa denkt: iudex non calculat.
36 Mehr Wettbewerb auch im Dienstleistungssektor!, 16. Hauptgutachten der Monopolkommission gemäß § 44 Abs. 1 Satz 1 GWB, BT-Drs. 16/2460, Nr. 1026 a. E. (S. 395).
37 *Kilger*, Die Schimäre Einheitsjurist?, myops 1/2007, 26 f.; *ders.*, Wie der angehende Anwalt ausgebildet sein muß, AnwBl. 2007, 1, 3 f.; *Prümm*, Juristische akademische Grund-Ausbildung (auch) an Fachhochschulen, 2. Aufl. 2011, 8 ff., bes. 12 f.

noch ein Marketing-Gag. Er will den Überblick über die ganze Rechtsordnung suggerieren, obwohl die Realität völlig anders ist, wie die Monopolkommission es bereits bestätigte und den Wirtschaftsjuristen von den FHen als Gruppe von Personen attestierte, „auf einem relevanten und breiten Rechtsgebiet eindeutig qualifiziert"[38] zu sein. Das betrifft in nuce das Wirtschaftsprivat- und Unternehmensrecht. Gleichwohl sind sie „bisher jedoch nicht zur selbständigen Rechtsberatung zugelassen"[39], lautet das gewichtige Monitum der Monopolkommission.

Dem steht eine mit Sorge betrachtete Fehlentwicklung der klassischen Juristenausbildung in Deutschland gegenüber, die langfristig zu einem die Rechtspflege nicht förderlichen Anwaltsproletariat[40] führen kann. Besorgniserregend ist die ungesteuerte Entwicklung von Zunahme der teilweise perspektivlosen Ausbildung von Nur-Juristen, die lediglich nur noch Rechtsanwälte werden können[41] und mit ihrem Kenntnisstand sicherlich phantastisch bereicherungsrechtliche Dreiecksfälle lösen, gute Abgrenzungen zu eigen- und fremdnütziger GoA erkennen oder auch über Recht und Rechtswissenschaft im ehemaligen deutschen Schutzgebiet Kiautschou (Tsingtau) (1897 – 1914) Bescheid wissen, aber nicht in der Lage sind, ohne ein- bis zweijährigen Nachschulungsbedarf als In-House-Lawyer für Unternehmen tätig zu werden. Dazu bedarf es einer ca. 60.000 € erfordernden Investition des Arbeitgebers. Ebenso können die 35 % der mit doppelt ausreichend Examinierten nicht einmal ihre Honorarabrechnung als Anwälte selber erstellen. Die „große Mehrheit der Absolventen arbeitet in einem Beruf, auf den das Studium sie gar nicht vorbereitet: als Rechtsanwalt."[42], so desillusionierend lautet das Fazit in Spiegel online von Heike Friedrichsen, Mitarbeiterin bei PersonalMarkt, einer der größten Gehaltsdatenbanken in Deutschland.

---

38 Mehr Wettbewerb auch im Dienstleistungssektor! (Fn. 37) BT-Drs. 16/2460, Nr. 1024 (S. 394).
39 Fn. 36.
40 *Gostomzyk*, Berufschancen für Juristen: Nobeladvokat oder Anwaltsproletariat?, Spiegel online: 15. August 2003, 11:41 Uhr; *Mert*, Der Anwalt im Wandel der Zeit: Deutschland, http://www.dach-ra.de/media/archive1/mertl.htm (abgefragt am 26.09.2012); *Friedrichsen*, Die wahren Gehälter der Juristen – Liebling Kreuzberg muss den Gürtel enger schnallen, als Anwalt für alle Fälle hält sich sein Einkommen sehr in Grenzen., Spiegel online: 06. Mai 2004, 11:45 Uhr.
41 „In der Regel <können sie> niemals Richter werden"; so das ernüchternde Statement des niedersächsischen Justizministers *Weber* in der 20. Plenarsitzung des Landtages Niedersachsens am 21.01.1999, Stenographischer Bericht 1999, 1594, 1596 rechte Spalte oben. *Schmeilzl*, Was verdienen Rechtsanwälte wirklich?, 09.03.2009, http://www.rechthaber.com/was-verdienen-rechtsanwaelte-wirklich/ (abgefragt: 02.01.2013) mit dem alten, jetzt noch treffenderen juristischen Kalauer: „Die Besten werden Anwalt, alle anderen auch.".
42 *Friedrichsen*, Die wahren Gehälter der Juristen – Liebling Kreuzberg muss den Gürtel enger schnallen, als Anwalt für alle Fälle hält sich sein Einkommen sehr in Grenzen., Spiegel online: 06. Mai 2004, 11:45 Uhr.

In dem Maße wie die Zahl der derzeit 20 Fachanwalt-Bezeichnungen[43] zunimmt, offenbart sich die rasante Abnahme der Beratungskompetenz von Einfach- oder Nur-Juristen von der Uni. Als Berufsstarter führen die sich weiter so bezeichnenden „Voll- oder Einheitsjuristen" offensichtlich weitgehend kein auskömmliches Leben als Einzelanwälte[44], weil beispielsweise 1/3 der in Hessen zugelassenen Anwälte mangels adäquater Einkünfte nicht den vollen Kammerbetrag von 260 € p. a. zahlen können. Das durchschnittliche Jahreseinkommen eines Einzelanwalts liegt bei 37.000 € brutto p. a.[45] Das Institut für Anwaltsmanagement der Soldan-Stiftung verzeichnete bei einer Befragung von 600 Anwälten im Jahr 2003 das niedrigste Einstiegsgehalt bei lediglich 20.000 € für Starter[46]. Der Anwaltsgerichtshof Nordrhein-Westfalen bemühte § 138 BGB und stellte fest: „Das Einstiegsgehalt von monatlich 1000 € brutto für junge Rechtsanwälte ist sittenwidrig"[47], um sich dann für einen „Mindestlohn" von mindestens 2.300 € monatlich als angemessen nach § 26 BORA auszusprechen. Das daraus errechnete Jahresgehalt von ca. 28.000 € bestätigte der BGH 2010.[48]

Da der Rechtsverbraucher von einem Rechtsanwalt die Vertretung in seinem Einzelfall bestmöglich erwartet, der berufsstartende Anwalt dazu aber aufgrund der dargestellten Defizite objektiv nicht in der Lage ist, ist die vom BVerfG erwartete „reibungslose Abwicklung des Rechtsverkehrs durch ungeeignete Personen behindert"[49]. Damit ist aber eine Grundfeste der deutschen Rechtspflege in Frage gestellt.

100 % juristische Ausbildung verheißt heute also nicht mehr Erfolg in der Praxis und ein gesichertes Einkommen. In den 1960er Jahren überließen die Anwälte und die Universitäten das Steuerrecht den Steuerberatern und Wirtschaftsprüfern und verzichteten damals und heute auf einträgliche Dauermandate. In die gleiche Richtung läuft derzeit die Ausblendung des Arbeitsrechts aus der juristischen Sozialisation. In Wahrheit sind die so genannten „Voll- oder Einheitsjuristen" damit empfindlich koupiert und vom eigentlichen Sinn ihrer selbst verliehenen Bezeichnung weit entfernt. Zum gegenwärtigen Zeitpunkt trifft realistischerweise allenfalls eine durchweg euphemistische Bezeichnung als „partielle Volljuristen" zu. Reduziert

---

43 §§ 8, 9, 10, 11, 12, 13, 14 a bis m FAO.
44 *Ilg*, Juristen-Einkommen: Zwischen Hungerlohn und Spitzenverdienst, http://uni.de/beruf/Branchen-Trends/Juristen-Einkommen %3A+Zwischen+Hungerlohn+und+Spitzenverdienst (abgefragt 31.12.2012)
45 Fn. 44.
46 Junganwälte: Starke Einkommensuntershiede beim Berufseinstieg – Untersuchung des Soldan Instituts, Essen – 26.07.2006, http://www.soldaninstitut.de/index.php?id=pmgehaelter (abgefragt am 02.01.2013).
47 AnwGH Hamm – 2 ZU 7/07 – vom 02.11.2007 – NJW 2008,668 f.
48 BGH – AnwZ (B) 11/08 – vom 30.11.2009 – NJW 2010, 1972 f.
49 BVerfG – 20.02.2002 – 1 BvR 423/99, 821/00, 1412/01.

man diese rhetorische Formulierung auf ihren Kerngehalt, dann sind es „Teiljuristen", und das auf Rechtsgebieten, die für die Wirtschaft eher randständig sind.

7.

Ganz anders verhält es sich bei den Wirtschaftsjuristen. Das Beschäftigungssystem honoriert deren Berufseinstieg mit fast dem doppelten von Nur-Juristen mit zwei ausreichenden Examina. 40.000 € bis 45.000 € p. a. ist das durchschnittliche Einstiegsgehalt eines Wirtschaftsjuristen[50] und schnell entwicklungsfähig, wenn zum LL.B. oder Diplom noch der LL.M. hinzukommt.

Die Wirtschaftsjuristen (von FHen) und auch von einigen wenigen Universitäten sind insbesondere auf dem Gebiet des Wirtschaftsprivat-, Unternehmens-, Arbeits- und insbesondere Insolvenzrechts hinreichend und meist besser für die wirtschaftliche Praxis der gerichtlichen und außergerichtlichen Rechtsberatung qualifiziert als die vom RDG unberechtigter Weise bevorzugten Rechtsanwälte.

Ungefähr 1.000 Wirtschaftsrechts-Absolventen stehen dem Beratungsmarkt jährlich[51] seit den 2005er Jahren zur Verfügung; eine verschwindend kleine Zahl gegenüber dem Output der doppelt examinierten, universitär gebildeten Juristen von durchschnittlich fast 9.000 Assesor/inn/en jur.[52]

Projektiert als In-House-Lawyer in von der akademischen Ausbildung vernachlässigten, rechtlichen Nischengebieten haben sich die Wirtschaftsjuristen darin mittlerweile (seit über 15 Jahren) emanzipiert und profiliert. Mit der durch das wirtschaftsjuristische Studienangebot diversifizierten Beratungslandschaft und der simultan ebenso ausdifferenzierten Juristenausbildung ist ein zur klassischen Jura-Ausbildung gleichwertiges aliud entstanden[53].

Beispielhafter Beleg ist dafür das juristische Marktsegment des krisenfesten Insolvenzrechts. Von den 45 juristischen Fakultäten in Deutschland bieten in ihrer Schwerpunktbildung lediglich 10 Hochschulen eine mit im Durchschnitt 2 SWS ausgestattete Vorlesung Insolvenzrecht an. Die reale Verwendbarkeit als Insolvenzverwalter wird für die „Einheitsjuristen" mit

---

50 Zahlen beruhen auf Individualinterviews von targroup Media-Zielgruppenmarketing in Köln http://www.wirtschaftsrecht-studieren.com/gehalt-wirtschaftsjurist/ (abgefragt am 02.01.2013) und bestätigen auch meine eigenen nicht repräsentativen Erhebungen.

51 *Von Elm*, Rechtskundler ohne Robe und Doktortitel – Vor Gericht ziehen dürfen Diplom-Wirtschaftsjuristen nicht. Dennoch sind sie in Kanzleien und firmen gefragte Experten, Hamburger Abendblatt 06.05.2011.

52 Bundesamt für Justiz Ausbildungsstatistik: Zeitreihe über die Zahl der im Bundesgebiet erfolgreichen Kandidaten von 1959 bis 2010, auf dem Stand vom 06.12.2011.

53 *Slapnicar* (Fn. 26) 110 – 121.

der Fachanwalts-Ausbildung zum Insolvenzrecht nachgeholt. Diese postgraduale Nachschulung erreicht jedoch nicht das Niveau der Befähigung, die Wirtschaftsjuristen mit ihrer Schwerpunktausbildung im Insolvenzrecht mitbekommen haben, ergänzt durch ein sechsmonatiges Praktikum, was dazu befähigt, sich in diesem Bereich selbstständig zu machen. So braucht es nicht zu verwundern, wenn eine immer größer werdende Zahl gelisteter Insolvenzverwalter-Wirtschaftsjuristen von der FH stammen und auf diesem Gebiet freiberuflich tätig sind und werden[54].

Nach meinen Erkenntnissen gibt es aus allen Wirtschaftsrecht heute bolognakonform LL.B. und LL.M. anbietenden FH-Standorten[55] ca. 8 – 10 % der größtenteils innerhalb der Regelstudienzeit Absolvierenden, die sich entweder gleich nach dem Berufseinstieg oder im Rahmen ihrer Angestelltenzeit selbstständig machen und dann meistens freiberuflichen Tätigkeiten als Insolvenzverwalter, Unternehmensberater, im Bereich von M & A oder in Finanzierungsdienstleistungen, in der Immobilienwirtschaft oder als klassische Freiberufler: Steuerberater[56] und/oder Wirtschaftsprüfer arbeiten. Auch als Organvertreter von Verbänden, beispielsweise bei Kreishandwerkschaften und GmbHen, Unternehmensnachfolger, im Inkasso oder als Berufsbetreuer treten sie in Erscheinung[57].

Auf etwa 6.000 wird von einer Umfrage der Sachbearbeiter in deutschen Insolvenzkanzleien deren Anzahl geschätzt. Davon haben 20 % die Qualifikation eines Diplom-Wirtschaftsjuristen und arbeiten weitgehend als „Schattenverwalter".[58] Beispielhaft werden zwei Namen für die selbständige Listung als Insolvenzverwalter genannt: Tobias Sorg in Ulm, ein Absolvent der HS Pforzheim, in fester Kooperation mit der angesehenen Sozietät Kübler, und Tobias Hartwig, Absolvent der HS Ostfalia in Wolfenbüttel, der mittlerweile mit der Insolvenzkanzlei Willmer zusammenarbeitet. Die große Zurückhaltung der Insolvenzrichter zur Verwalterauswahl von Wirtschaftsjuristen der FHen erklärt der erfahrene und bekannte Insolvenzverwalter Kübler zum einen mit dem jugendlichen Alter der FH-Absolventen zwischen 24 bis 28 Jahren gegenüber den meist „ausgereiferten Anwaltskandidaten" zwischen 30 bis 35 Jahren, zum anderen, „dass die Insolvenzrichter

---

54 *Reuter*, Warum nur kleine Brötchen backen? – Dipl.-Wirtschaftsjuristen als Insolvenzverwalter, in: INDat-Report, Ausgabe 06_2011.
55 Nähere Nachweise dazu auf der Homepage der Wirtschaftsjuristischen Hochschulvereinigung (WHV): www. wirtschaftsrecht-fh.de.
56 Für Steuerberater nennt *Scheele*, Was Rechtsanwälte und Steuerberater verdienen, 16.03.2012, http://www.impulse.de/recht-steuern/:Gehaltsserie-Was-Rechtsanwaelte-und-Steuerberater-verdienen/1028048.html (abgefragt am 02.01.2013), am Beispiel eines 30-Jährigen 50.567 €.
57 Umfangreiche Nachweise zur Breite der Einsatzfähigkeit von Wirtschaftsjuristen und Arbeitsjuristen: Tätigkeitbeschreibung von Diplom-Wirtschaftsjuristen/Diplom-Wirtschaftsjuristin/Diplom-Arbeitsjurist/Diplom-Arbeitsjuristin (FH) vom 20.07.2007, http://berufenet.arbeitsagentur.de/berufe/docroot/r1/blobs/pdf/archiv/8250.pdf (abgefragt am 28,09.2012.
58 *Reuter* (Fn. 54) INDat-Report, Ausgabe 06_2011.

... häufig Volljuristen – zu Unrecht – als allein ‚satisfaktionsfähig' ansähen"[59]. „Wirtschaftsjuristen bilden einen Pfeiler unserer Sanierungserfolge",[60] anerkennt Willmer, das durch die Wirtschaftsjuristen maßgeblich entwickelte Berufsbild des Insolvenzverwalters, welches neben fundierten rechtlichen und betriebswirtschaftlichen Kenntnissen auch Eigenschaften wie Organisationsvermögen, Belastbarkeit und Menschenkenntnis erfordert.

Da es außer der gerade berichteten Umfrage bei Insolvenzverwalterkanzleien über den Verbleib der wirtschaftsjuristischen Absolventen keinerlei empirische Erhebungen gibt, kann auch hier nur von persönlich Erfahrenem ausgegangen werden. Die Spannbreite der beruflichen Tätigkeiten ist beträchtlich. Anhand einiger mir pars pro toto Bekannter kann ich über freiberufliche Karrieren von Wirtschaftsjuristen berichten. Dies bezieht sich zunächst auf Absolventen aus Schmalkalden, deren Anzahl von 2000 bis 2010 662 betrug.

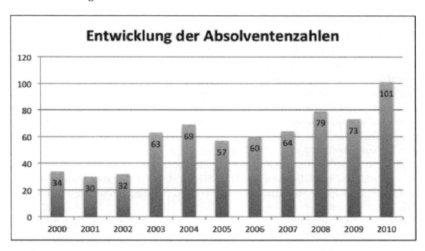

Abbildung: Entwicklung der Absolventenzahlen der Fakultät Wirtschaftsrecht der Fachhochschule Schmalkalden von 2000 bis 2010[61]

Aus den ersten beiden Kohorten der Jahre 2000 und 2001 sind ca. 10 % der Schmalkalder Wirtschaftsjuristen inzwischen gelistete Insolvenzverwalter[62].

---

59 *Kübler*, zitiert von Reuter (Fn. 54).
60 *Willmer*, zitiert von Reuter (Fn. 54).
61 Quelle: http://www.fh-schmalkalden.de/Studierendenzahlen.html (abgefragt: 12.12.2012).
62 *Berner*, ESUG: Chancen und Risiken für junge Insolvenzverwalter, in: Warum nur kleine Brötchen backen? – Dipl.-Wirtschaftsjuristen als Insolvenzverwalter, INDat-Report, Ausgabe 6_2011, 28.

Davon sind im Sinne von §§ 2 I 1 Nr. 3, 18 EStG echte selbständige Freiberufler 5 %. Die andere Hälfte übt damit zwar einen freien Beruf ebenso aus wie Steuerberater oder Wirtschaftsprüfer, deren Anzahl leicht höher bei 15 % liegt. Allerdings sind von diesen genannten Personenkreisen nicht alle bereits in einer dem typisch freiberuflichen Status entsprechenden selbständigen Position als Berufsträger zu qualifizieren. Aber auch bei den klassisch ausgebildeten Juristen sind die überwiegend als Rechtsanwälte Tätigen zwar freiberuflich beschäftigt, infolge ihrer Integration in Kanzleien aber nach §§ 2 I 1 Nr. 3, 19 EStG durch ihre abhängige Beschäftigung nicht selbständig. Dass Wirtschaftsjuristen von den FHen ebenso wie von den Universitäten nicht Partner und damit Berufsträger von Anwaltskanzleien werden können, verhindert gezielt eindeutig bislang das RDG. Anders verhält dies sich allerdings bei Wirtschaftsrechts-Absolventen, die ihren während des Studiums gewählten steuerrechtlichen Schwerpunkt postgradual zum Steuerberater oder auch Wirtschaftsprüfer komplettierten. Sie werden von Rechtsanwälten als assoziierungsfähig angesehen und entsprechend ihrer Qualifikation als Freiberufler und Berufsträger adäquat akzeptiert.

Die Konzentration der freiberuflichen Tätigkeiten der Schmalkalder Absolventinnen und Absolventen ergibt sich zwanglos aus den dort häufig gewählten Schwerpunktkombinationen von Insolvenzrecht und Sanierungsmanagement einerseits sowie Steuerrecht und -wesen andererseits. Aus dem weiteren, am meisten gewählten interdisziplinären Schwerpunktbereich Personalmanagement, Arbeits- und Sozialrecht können sich hingegen kaum klassische freiberufliche Tätigkeiten entwickeln, mit Ausnahme von Personalberatern und Coaches.

Ein von Absolventen im Selbständigen-Status häufig ergriffener Beruf aus allen wirtschaftsjuristischen Studien-Standorten ist der des Handelsvertreters nach § 84 HGB für Finanzdienstleistungen, beispielsweise bei der MLP AG.

Bei meinen Internetrecherchen konnte ich auch bei großen und mittelgroßen Anwaltskanzleien Wirtschaftsjuristen als Mitglieder und auch wohl ganz vereinzelt als Partner feststellen[63]. Bisweilen gab es auch in Anwalts-

---

63 Konkrete Beispiele, ohne Anspruch auf Vollständigkeit: Dipl.-Wirtschaftsjuristin Dr. Nicole Reill-Ruppe (Schmalkalden = SM), Dipl.-Wirtschaftsjuristin Susanne Erb (SM) (Vorgenannte in Erfurt und Mainz: http://www.hess-rechtsanwaelte.de); Dipl.-Wirtschaftsjurist Sven Gratz (SM) (http://www.ausan.de); Dipl.-Wirtschaftsjuristin Karina Lützelberger (SM), Dipl.-Wirtschaftsjurist René Lorbeer LL.M. (SM), Dipl.-Wirtschaftsjurist Andreas Bauer (SM) (Vorgenannten in Erfurt: http://www.schubra.de); Dipl.-Wirtschaftsjuristin Katja Giese (SM) (http://www.rechtsanwaelte-muehlhausen.com); Dipl.-Wirtschaftsjuristin Antje Weißenborn (SM) (http://www.skm-rechtsanwaelte.de); Diplom-Wirtschaftsjurist Tobias Hartwig (Wolfenbüttel = WF), Dipl.-Wirtschaftsjurist Stephan Lewerenz (Wismar = HWI), Andreas Müller LL.B. (Osnabrück = OS) (Vorgenannte: http://www.willmer-inso.de); Dipl.-Wirtschaftsjurist Nico Kämpfert (Bernburg = BBG) (http://www.insoteam.de); Dipl.-Wirtschaftsjuristin Franziska Warmuth (SM), Dipl.-Wirtschaftsjurist Fabian Killer (?), Susanne Engelhardt (?) Nancy Gutgesell

kanzleien tätige, universitär ausgebildete Wirtschaftsjuristen[64] und Anwälte, die zusätzlich einen Abschluss als Wirtschaftsjuristen benennen[65].

Das soziale Netzwerk XING verzeichnet nach Eingabe eines Suchwortes ohne Premium-Status 200 Treffer. Wird gezielt nach „Diplom-Wirtschaftsjuristin" gesucht, ergeben sich 160 positive einschlägige Antworten. Davon sind zehn Frauen CEOs und weitere zehn apostrophieren sich als Counsel oder Adviser of Legal Affairs. Absolut nachrangig mit nur einer Nennung ist eine universitäre Absolventin vertreten und nur zweimal die Kombination eines klassischen Jura-Abschlusses mit einem Wirtschaftsrechtsdiplom der FH. Bei der Suche nach „Diplom-Wirtschaftsjurist" ergeben sich nur 35 Mitglieder mit einem FH-Abschluss, davon lediglich drei CEOs und ein Rechtsanwalt, und fünf Wirtschaftsjuristen mit einem universitären Abschluss, davon drei als Anwälte. Eine Suche nach LL.B. oder LL.M. habe ich nicht durchgeführt.

Einigen Absolventen des Wirtschaftsrechts ist mittlerweile auch die Promotion zum Dr. jur. geglückt, was sich kompetenzsteigernd für die RDL aus-

---

LL.B. (SM) (Vorgenannte: http://www.brinkmann-partner.de); Dipl.-Wirtschaftsjurist Fabio Klapp (FHTW Berlin) (http://rechtsanwalt-robak.de); Dipl.-Wirtschaftsjuristin Katrin Seibert (?) (http://www.wagner-stuttgart.de); Steuerberater Dipl.-Wirtschaftsjurist Marcel Baumgart (http://www.bbt-kanzlei.de); Dipl.-Wirtschaftsjurist Hendrik Kuhl (RFH Köln) (http://www.jakowetz-partner.de); Dipl.-Wirtschaftsjurist Jens Grimmelijhuizen (RFH Köln) (http://www.grimmelijhuizen.de); Dipl.-Wirtschaftsjurist Stefan Hoffmann (?) (http://kanzlei-hoffmann-hannover.eu); Dipl.-Wirtschaftsjurist Jan Bursian (?), Dipl.-Wirtschaftsjuristin Zekira Fuest (?) (Vorgenannte in Hannover: http://www.brinkmann-partner.de); Dipl.-Wirtschaftsjuristin Claudia Siekmann (FH Köln), Dipl.-Wirtschaftsjuristin Ira Siemens (OS), Dipl.-Wirtschaftsjuristin Stefanie Schenk (FH Köln), Dipl.-Wirtschaftsjurist Christoph Schlich (RFH Köln), (Vorgenannte: (http://www.fgs.de/de/berater); Dipl.-Wirtschaftsjurist Daniel Künkel LL.M. (FH Köln) (http://www.maxton.info); Dipl.-Wirtschaftsjuristin Nadine Koch (FH Nordhessen) (http://www.dorschner-hofmann.com); Dipl.-Wirtschaftsjurist Alexander Beiring (?), Dipl.-Wirtschaftsjurist Christian Buehler (SM), Dipl.-Wirtschaftsjurist Dino Eglinski (?), Dipl.-Wirtschaftsjuristin Katrin Pöpping (SM), Dipl.-Wirtschaftsjurist Roman Salzer (?), Kerstin Strathausen LL.B. LL.M. (SM) (Vorgenannte: http://www.pluta.net); Dipl.-Wirtschaftsjuristin Isabel Jauernig (Pforzheim = PF) (http://www.xing.com); Dipl.-Wirtschaftsjurist Markus Pfefferle (PF) (http://www.kanzlei-goebel.de); Dipl.-Wirtschaftsjurist Lars Rühmland (?) (http://www.insolvenzverwaltungen.de); Dipl.-Wirtschaftsjurist Sascha Kraul (Frankfurt/Main), Dipl.-Wirtschaftsjuristin Nicole Bock (SM), Julia Böwe LL.B., LL.M: (HWR Berlin) (Vorgenannte: http://www.ww-law.de); Dipl.-Wirtschaftsjurist Tobias Sorg (PF) (http://www.wilms-schaub.com); Steuerberater Dipl.-Wirtschaftsjurist Sven Carstens (http://www.hamburg-city-map.de), Dipl.-Wirtschaftsjurist Jörg Anweiler (http://www.dasverzeichnis.info).

64 Beispielsweise: Dipl. jur. oec. univ. Manuel Tatzel (Uni Augsburg) (http://www.hwv.eu); Dipl.-Wirtschaftsjuristin Evelina Mathäus (Uni Siegen), Diplom-Wirtschaftsjurist Alexander Geißler (Uni Siegen) (http://www.fgs.de/de/berater).

65 RA Dipl.-Wirtschaftsjurist Jörg Löllmann (Mainz) (http://www.xing.com); RAin Dipl.-Wirtschaftsjuristin Katja Spies (http://www.spies-rechtsanwaelte.com).

nimmt. Auch steht ein Wirtschaftsjurist kurz vor einer Berufung zum Professor an einer FH.

8.

Nach diesen vorlaufenden Bemerkungen über die Entwicklung der Rechtsberatung in Geschichte, Gegenwart und Zukunft erlaube ich mir festzustellen, dass der Ausschluss der Wirtschaftsjuristen von der RDL eine durch erfolgreiche Lobbyarbeit der BRAK gesteuerte Diskriminierung darstellt[66]; was auf diesem Gebiet ja durchaus schon historische Tradition hat, denkt man an die Entstehung des RBerG von 1935 zurück.

Wirtschaftsjuristische Bachelor- und Masterstudiengänge an deutschen FHen bieten von international und national tätigen Akkreditierungsagenturen zertifizierte Studienprogramme. Die Absolventen dieser Studiengänge erwerben den international üblichen juristischen Abschlussgrad LL.B. oder LL.M. und dokumentieren damit ihre besondere Qualifikation im Wirtschaftsrecht ebenfalls als „partielle Volljuristen". Dies gilt gleichermaßen für die Diplom-Wirtschaftsjuristen, die an FHen bisher ausgebildet wurden. Schließlich investierten und investieren Länder und Hochschulen in diese innovative Ausbildung viel Geld.

Die in diesen Studiengängen vermittelten juristischen und betriebswirtschaftlichen Lehrinhalte als Mischqualifikanten sind in besonderem Maße praxisorientiert. Sie werden durch von den Hochschulen betreute Praxisphasen oder praktische Studiensemester mit einer Dauer von bis zu 6 Monaten, die integraler Bestandteil des Studiums sind, ergänzt. Sie ähneln insofern der früheren einstufigen Juristenausbildung, in der Theorie und Praxis miteinander verzahnt waren, sind insofern „neuer Wein in alten Schläuchen".

Da für die neuen europäisch harmonisierten Bologna-Abschlussgrade nach einem rechtswissenschaftlichen Studium (LL.B. und LL.M.) keine Unterscheidung nach universitärer Ausbildung oder einer solchen an einer FH existiert, sind beide Abschlüsse der unterschiedlichen Ausbildungssysteme absolut gleichwertig, nur andersartig. Auch im Vereinigten Königreich müssen Rechtsverbraucher zwischen zwei Rechtsberatungssystemen (barrister und solicitor)[67] unterscheiden und es kommt dabei zu keiner Verwirrung und vom BMJ befürchteten Orientierungslosigkeit[68]. Des Weiteren sind auch in den anderen Mitgliedsstaaten der EU nicht nur Rechtsanwälte zur

---

66 *Leendertse* (Fn. 27) Handelsblatt vom 04.07.2007.
67 Näher dazu: *Wörlen*, Introduction to Englisch Civil Law, Vol. 1, 4. Aufl. 2007, 58 bis 65.
68 Dazu Besuchsbericht von Jakobi, Rechtsberatung für Wirtschaftsjuristen kein Thema in Berlin – Wirtschaftsrechtstudenten diskutieren zum „Rechtsdienstleistungsgesetz" im Bundesministerium der Justiz, Schmalkalder Hochschul Journal, Ausgabe 02/2011, 14, 15 linke Spalte oben.

Rechtsberatung befugt oder gar bestünde Identität zwischen beidem, wie das RDG es europarechtlich disharmonierend für Deutschland festschreibt.[69]

Das RDG konzentriert den Zugang zur außergerichtlichen RDL grundsätzlich auf staatsexaminierte, universitär ausgebildete Juristen und schließt Wirtschaftsjuristen davon von vornherein systematisch aus. Damit wird aus dem zur Propagierung des RDG kommunizierten Slogan „Qualität sichern – Rechtsberatung öffnen" faktisch eine rückwärtsgewandte Festschreibung des Status quo nach dem Motto: „Rechtsberatung für Anwälte sichern – Qualitative Konkurrenz abwehren"[70]. Mit der Konzeption des RDG hätte die Gelegenheit bestanden, ein Liberalität förderndes Erlaubnisgesetz mit Verbotsvorbehalt zu schaffen; diese Chance zu mehr Wettbewerb bei RDL wurde vertan, obwohl damit ursprünglich das Anwaltsmonopol beendet werden sollte.[71]

Die jetzige umgekehrte Konstruktion eines Verbotsgesetzes mit Erlaubnisvorbehalt begegnet erheblichen verfassungsrechtlichen Bedenken nach Art. 12 GG im Hinblick auf die Verletzung der Freiheit der Berufswahl durch objektive berufliche Ausübungsbeschränkungen. Im Übrigen weist die legislative Zielsetzung des RDG als Nebeneinander zweier, auf gleiche Tätigkeit ausgerichteter Rechtsberatungsberufe mit unterschiedlicher Qualifikationsprofilen damit unreflektiert einseitige Zweckpropaganda zur Verteidigung des Rechtsanwalts-Monopols auf!

Richtet der Staat Studiengänge in Wirtschaftsrecht ein und lässt er Studierende zu, denen der von unabhängigen Agenturen akkreditierte, berufsqualifizierende Abschlussgrad eines legum baccalaureus (LL.B.) verliehen wird, dann kann diesen aufgrund der im Studium vermittelten Kompetenzen eines In-House-Lawyers der Zugang zur außergerichtlichen RDL nicht verwehrt werden. So sieht dies auch die Monopolkommission in ihrem 16. Hauptgutachten von 2006 mit der bezeichnenden Überschrift: „Mehr Wettbewerb auch im Dienstleistungssektor!"[72].

Das RDG verdrängt in wettbewerbsfeindlicher Weise solche Juristen vom Markt der außergerichtlichen RDL, die in ihrer Fähigkeit doppelt höher mit ihren Einstiegsgehältern estimiert werden als mit zwei „ausreichend" examinierte „Volljuristen", nur weil sie nicht Rechtsanwälte sind.

Es soll einem Architekten nach § 5 II RDG erlaubt sein, baurechtlich als Nebenleistung beraten zu dürfen, ein Immobilienverwalter befugt sein, über komplizierte Vorgänge des Miet- oder Wohnungseigentumsrecht, zu der selbst ein Rechtsanwalt sich erst durch eine Fachanwaltsausbildung postgradual qualifiziert, zu beraten, aber ein Wirtschaftsjurist, der als Unternehmensjurist zum In-House-Lawyer ausgebildet wurde und über einen juristi-

---

69 Näher dazu: *Everling* (Fn. 12) Gutachten C zum 58. Deutschen Juristentag, 1990, C 69 ff, C 91.
70 Ähnlich auch: *Haack* (Fn. 10) Legal Tribune online, 15.10.2010.
71 Fn. 9.
72 Fn. 36.

schen Studienabschluss verfügt, wird nicht zu außergerichtlichen RDL zugelassen! Lieber nimmt man billigend in Kauf, dass RDL von Laien erbracht werden, als dass ausgebildete Wirtschaftsjuristen diese Aufgabe außergerichtlich übernehmen. Die große Lobby der fast 160.000 Anwälte in Deutschland als universitäre Teiljuristen teilen das rechtsberatende Areal allein unter sich auf; in Verkennung der Realität, dass es daneben auch noch eine immer größer werdende Gruppe von ca. 11.000 Teiljuristen mit einer durchaus gesuchten Mischqualifikation als Wirtschaftsjuristen gibt. Die 37 Mitglieder im Rechtsausschuss des Deutschen Bundestages, von denen in der 17. Wahlperiode (ab 2009 bis 2013) allein 27 Anwälte sind, lancierten das vom BMJ unter der sozialdemokratischen, stets um Anti-Diskriminierung allenthalben bemühten Bundesjustizministerin Zypries (* 1953) eingebrachte RDG trotz der in einem Gerichtsverfahren zu Befangenheitsablehnungen führenden eigenen Betroffenheit in den Bundestag zur Beschlussfassung. Gerade das RDG diskriminiert die Wirtschaftsjuristen von den FHen in nicht zu rechtfertigender und irrationaler Art und Weise.

Darüber hinaus ist der Ausschluss der Wirtschaftsjuristen vom Beratungsmarkt nicht nur kontraproduktiv und volkswirtschaftlich eine Verschleuderung der edelsten Rohstoffressource, die Deutschland mit der nachwachsenden Generation hat, sondern zugleich wird durch das den Status quo festschreibende RDG ein wettbewerbliches Reservat für deutsche Anwälte errichtet, was weder den europäischen Harmonisierungsbestrebungen noch den europäischen Initiativen zum Verbraucherschutz entspricht und auch nicht zukunftsfähig ist angesichts der sich verändernden Ausbildungsmodelle nach dem Bologna-Prozess.

9.

Kennzeichnend für die Ausbildungskataloge der Wirtschaftsjuristen sind vor allem Rechtsberatungsgebiete mit großer wirtschaftlicher Bedeutung wie Insolvenz-, Sozial-, Arbeits-, Informations-, Immobilien-, Steuer- und Abgaben-, Energie-, Technik-, Europa- und Transaktions-Recht sowie das Recht des geistigen Eigentums, des Generationswechsels und der Unternehmensnachfolge sowie der Nachhaltigkeit.

In diesen Bereichen erlangen Wirtschaftsjuristen eine gegenüber universitär ausgebildeten Juristen völlig andersartige, aber gleichwertige und qualifizierte Beratungskompetenz, die von universitären Juristen teilweise erst während ihres Berufes als Anwälte in Fachanwaltsausbildungen postgradual erworben werden kann, aber nicht integraler Bestandteil der Erstausbildung ist. Die Monopolkommission hat zu Recht darauf hingewiesen, dass die klassische Ausbildung der Juristen an der Universität schon längst nicht mehr 100 Prozent der Rechtsordnung lehrt. Insofern beherrschen universitär ausgebildete Juristen nur noch Teilbereiche des Rechts, sind ebenso wie die Wirtschaftsjuristen von FHen auch nur „Teiljuristen", nur auf anderen Gebieten. Gerade in den genannten Vertiefungen und Schwerpunkten der wirtschaftsjuristischen Ausbildung, die in weiten Bereichen klassische Felder rechtswissenschaftlich fundierter RDL darstellen, sind Wirtschaftsjuristen mit einem typischerweise gestalterisch angelegten und damit auf Beratungsaufgaben vorbereitenden, praxisorientierten Studium in der Erstausbildung den klassischen Juristen überlegen und vom Markt akzeptierte und gesuchte Erbringer außergerichtlicher RDL, was nicht zuletzt die deutliche Spreizung zwischen universitär ausgebildeten Nur- und Wirtschaftsjuristen von HS bei den Einstiegsgehältern unterstreicht.

In diesen „Nischen"rechtsbereichen erfüllen Wirtschaftsjuristen mit dem Erwerb eines LL.B. alle Anforderungen an die Begriffsdefinition des RDG nach § 2 I „der besonderen rechtlichen Prüfung des Einzelfalles", um verantwortungsvoll konkrete Gestaltungsempfehlungen zu geben, Geheimnisse zu wahren und nicht einem Interessenwiderstreit zu unterliegen sowie für ihre RDL zu haften.

Damit liegen alle Kennzeichen für eine bisher üblicherweise von Anwälten erbrachte RDL vor. Sachliche Gründe zur Zurückstufung von Wirtschaftsjuristen auf entweder unentgeltliche Erbringung von RDL oder auf juristische „Nebenleistungen" kraft Annex-Kompetenz und damit reglementierende berufsausübende Eingriffe des Staates sind demgemäß gegenüber Wirtschaftsjuristen weder zulässig noch verfassungsrechtlich tragfähig.

Zudem bewirken sie ein volkswirtschaftlich überaus schädliches Kenntnisverwertungsverbot für qualifiziert ausgebildete „Teiljuristen" und eine durch nichts zu rechtfertigende Bevorzugung der Anwaltschaft als ebensolche „Teiljuristen".

Und schließlich wird die gewollte, aber nicht gekonnte Aussperrung von Wirtschaftjuristen von der außergerichtlichen Rechtsberatung zur absurden Realsatire, weil sie als akzeptierte In-House-Lawyer seit über 15 Jahren diese Tätigkeit erfolgreich betreiben und so ihren Adressaten qualifizierte RDL erbringen.

10.

Deswegen bin ich im Übrigen der Meinung, dass das RDG für außergerichtliche Rechtsdienstleistungen zugunsten der Wirtschaftsjuristen geöffnet und an die bereits existierende Realität angepasst werden muss.

Derzeit gilt nur Folgendes: Machen heißt das Motto: einfach weiter beraten, beraten, beraten!

III.
Arbeitsmarktperspektiven

Juristen und Wirtschaftsjuristen an Hochschulen und auf dem Arbeitsmarkt unter besonderer Berücksichtigung der Bachelor- und Masterentwicklung

Michael Weegen

1. Einleitung

Derjenige, der heute eine Studienwahlentscheidung trifft, will in der Regel Informationen über die Nachfragesituation im Hochschulbereich und zu zukünftigen Berufsaussichten mit in seinen Entscheidungsprozess einbeziehen. Während für einzelne Studienbereiche und Teilarbeitsmärkte wie Lehramt bzw. Schule[1] regelmäßig sogar ausführliche Projektionen vorgelegt worden sind, gilt dies für andere Bereiche nur rudimentär. Sofern sich das Fach und der Teilarbeitsmarkt überhaupt noch genügend scharf abgrenzen bzw. in Beziehung setzen lassen, finden sich dann nur auf einer Makroebene Vergleichsdaten[2]. Die Bandbreite reicht hier von weitgehend geschlossenen Zuweisungskonstellationen wie Humanmedizin und Ärztewesen bis hin zu offenen Konstellationen wie beispielsweise Germanistik mit multiplen Berufsfeldern[3]. Während im erstgenannten Fall das Studienprofil bzw. der Abschluss die Absolventen auf einen speziellen Teilarbeitsmarkt vorbereitet und führt, lässt sich ein Teilarbeitsmarkt bei der letztgenannten Gruppe nur noch ganz unscharf konturieren. Für den hier in Rede stehenden Studienbereich Rechtswissenschaft kann eigentlich von einer Positionierung zwischen diesen beiden Idealtypen ausgegangen werden. Neben dem Justizwesen und der Rechtsanwaltstätigkeit wird nämlich eine nicht kleine Gruppe von Absolventen in ganz unterschiedlichen Tätigkeitsfeldern erwerbstätig.

2. Makroperspektive Hochschulbereich

Für Studierende, die von vornherein nicht eine Beschäftigung im Justizwesen suchen, bieten die Fachhochschulen – bei wachsender Nachfrage, aber immer noch in geringem Umfang – die Studiengänge Rechtspflege und Wirtschaftsrecht an, die nunmehr grundständig mit einem Bachelor abschließen. Inzwischen haben auch Universitäten diese Entwicklung aufgegriffen. So bietet beispielsweise die Universität Kassel einen Bachelor-/Masterstudiengang für Wirtschaftsrecht an. Einen Überblick über die Studiengänge Wirtschaftsrecht an Fachhochschulen und Hochschulen erhält man entweder

---

1 *Klemm/Weegen* 1986, *Klemm* 2009.
2 *Weegen* 2001.
3 Vgl. Informationssystem Studienwahl & Arbeitsmarkt; http://www.uni-due.de/isa.

bei der Wirtschaftsjuristischen Hochschulvereinigung[4] oder beim Bundesverband der Wirtschaftsjuristen von Fachhochschulen e. V.[5]. Mit Blick auf die Situation bei den Masterangeboten ist die Angebotsvielfalt aus der Perspektive von Abiturienten bzw. Studienberechtigten eher unübersichtlich, weil sowohl konsekutive und weiterführende Angebote mit unterschiedlichen Schwerpunkten und Finanzierungsmodalitäten ausgewiesen werden[6].

Der Anteil der Bachelorabsolventen (erster berufsqualifizierender Anschluss) hat im Jahr 2010 bezogen auf die grundständigen Studiengänge im Studienbereich Rechtswissenschaft bei insgesamt 12 % gelegen. Im Vergleich mit anderen Studienbereichen fällt dieser Anteil sehr klein aus (z. B. Wirtschaftswissenschaften: 51 %, Sozialwissenschaften: 43 % und Informatik: 53 %[7]). Aufgrund der Dominanz für Staatsprüfungen in dem hier in Rede stehenden Studienbereich wird sich die Bachelorquote in absehbarer Zeit mit Blick auf den ersten grundständigen Abschluss nicht sprunghaft verändern.

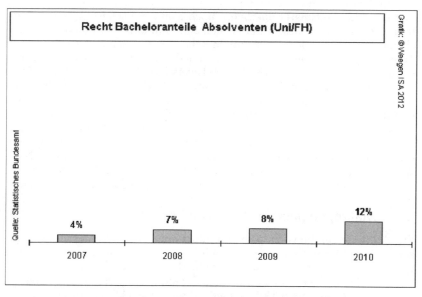

Mit Blick auf die zukünftige Absolventenbandbreite ist die Entwicklung der Anfänger- und Studierendenzahlen bzw. deren Tendenz von Relevanz.

4 http://www.wirtschaftsrecht-fh.de.
5 http://www.wjfh.de.
6 Vgl. Hochschulkompass; http://www.hochschulkompass.de.
7 Vgl. ISA 2012, http://www.uni-due.de/isa_vom_ 15.10.2012.

Die Zahl der Studierenden zeigt in ihrer Entwicklung über einen längerfristigen Zeitraum bis 2002 eine hohe Gleichförmigkeit, was bis dahin auf bundesweite Zulassungsbeschränkungen zurückzuführen ist (Niveau 100.000 bis 110.000 Studierende für den Studienbereich Rechtswissenschaft).

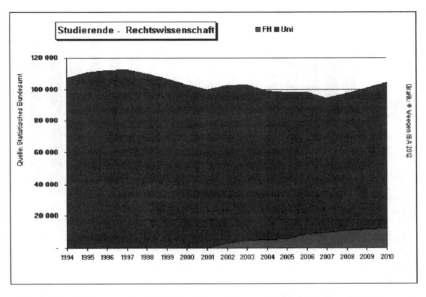

Hingegen dokumentiert die Studienanfängerentwicklung mehr Bewegungen, nicht zuletzt bedingt durch unterschiedliche hochschuleigene Zulassungsmöglichkeiten. Insbesondere an den Fachhochschulen lässt sich dabei eine stetige Zunahme ablesen. Aufgrund von Änderungen der Zuordnung innerhalb der deutschen Hochschulstatistik lassen sich bis 1993 Studienanfänger an Fachhoch- bzw. Verwaltungsfachhochschulen in kleiner Zahl (>1000) ablesen, allerdings lässt sich erst ab dem Jahr 2001 eine kontinuierliche Zuordnung abbilden.

Michael Weegen

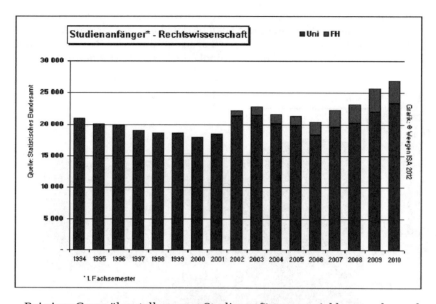

Bei einer Gegenüberstellung von Studienanfängerentwicklung und grundständigen Absolventenzahlen – zeitlich versetzt um die ungefähre durchschnittliche Studiendauer – können jedoch Verwerfungen nicht ausgeschlossen werden und es erfolgen zusätzlich mit Blick auf die Kalkulation des Erfolgsniveaus entsprechende Bereinigungen (z. B. Promotionseinschreibungen). Erfolgsniveaus sind als kalkulatorische Größen zu verstehen, die näherungsweise etwas über die Haltekraft der verschiedenen Studiengänge eines Studienbereiches (überwiegend ohne Lehramt und Master mit vorausgesetzter Abschlussprüfung) aussagen. Verfahrensmäßig darf der hier in Rede stehende Ansatz zur Einbeziehung eines Studienerfolgsniveaus nicht mit der Ermittlung von Studienabbruchquoten verwechselt werden, in denen Schwundfaktoren und ausländische Studierende ausbezogen werden. Die relative Anfängerentwicklung kann zeitversetzt bei Verwendung des Erfolgsniveaus aber die Möglichkeit bieten, die zukünftige Höhe der Absolventenzahl in einer Bandbreite mittelfristig ungefähr vorauszuschätzen.

Die Ursachen für den Schwund sind sehr unterschiedlich. Erfolgsquotenermittlungen im Rahmen einer Langzeiterhebung sind beispielsweise an der Universität Duisburg-Essen oder der Universität Münster vorgenommen worden. Unter methodischen Gesichtspunkten ist besonders auf die Veröffentlichung von Martin Beck zu den Erfolgsquoten deutscher Hochschulen hinzuweisen[8], die auf den Studienerfolg einer einzelnen Hochschule gerichtet ist. Das genaueste Verfahren wäre sicherlich dann gewährleistet, wenn man den individuellen Gang der Studienanfänger durch die Studiengänge im Einzelfall erfassen und dabei Ab- und Zugänge genau saldieren würde (Immatrikulation / Exmatrikulation, Hochschulwechsel / Studiengangwechsel). Ein solches Verfahren ist vom Aufwand her, aus Datenschutzgründen, wegen unüberschaubarer Zeiträume und mangelnder Aktualität aber nicht leistbar.[9] Und letztendlich muss auch auf die mögliche Veränderung des Studienerfolgsniveaus hingewiesen werden: Mit einer Verbesserung der Arbeitsmarktsituation der Absolventen des jeweiligen Studienbereichs steigt dieses Niveau in der Regel spürbar an.

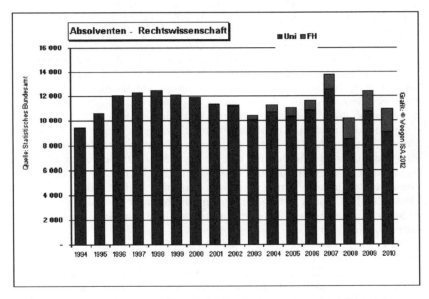

Die Absolventenzahlen ab 1994 dokumentieren eine Zunahme bis 1998 auf ein Niveau von über 12.000 grundständige Absolventen pro Jahr. Die ab 1999 rückläufigen Absolventenzahlen stehen dabei im ursächlichen Zusammenhang mit der seit 1995 abnehmenden Anfängerzahlenentwicklung. Dieser Trend hat sich nicht fortgesetzt. Im Jahr 2007 schlagen die höheren universitären Anfängerzahlen aus dem Jahr 2002 deutlich zu Buche. Mit Blick auf das Jahr 2008 setzt bei den Universitäten ein gravierender Rückgang ein, der sich weder alleine mit dem Fachhochschulanstieg noch mit den etwa

---

8 *Beck* 2007.
9 *Weegen* 2008.

725 Bachelorabsolventen (insgesamt) erklären lässt und vermutlich eher mit der Flexibilität der gestuften Studiengangstruktur und den Wechselmöglichkeiten in affine bzw. korrespondierende Studiengänge in Verbindung stehen könnte. Im Jahr 2010 hat sich die Zahl der grundständigen Absolventen wieder normalisiert und liegt bei insgesamt ca. 11.000. Fast 20 % der Abschlüsse gehen dabei auf das Konto der Fachhochschulen bzw. Verwaltungsfachhochschulen.

Setzt man die Absolventenzahlen der letzten Jahre in Beziehung mit der zeitversetzt zurückliegenden entsprechenden Anfängerentwicklung, so dürften sich kalkulatorisch die grundständigen Absolventenzahlen in den kommenden Jahren mindestens in einer Bandbreite von 11.500 – 12.000 bewegen. Bis zum Jahr 2017 ist für den gesamten Studienbereich eine steigende Bandbreite von näherungsweise 13.000 – 14.000 grundständigen Absolventen eine realistische Größenordnung.

An den Fachhochschulen könnte in den nächsten zehn Jahren – bedingt durch die wachsenden Bachelorangebote – mit einem stärkeren Anstieg der Absolventenzahlen gerechnet werden. Hier findet sich für das Studienfach Wirtschaftsrecht die überwiegende Nachfrage. Hochschulstatistisch sind diese Studierenden vor 2002 anderen Studienbereichen zugerechnet worden. Erst ab 2002 ist eine weitgehend konsistente Zuordnung ausweisbar. Aufgrund der raschen Einführung von Bachelorstudiengängen muss von einem weiteren Anstieg der Nachfrage ausgegangen werden. Zudem ist eine zunehmende Wanderung von universitären Studierenden Richtung Fachhochschulen nicht auszuschließen. Mit Blick auf den Masterbereich könnte eine Rückwanderung einsetzen. Aufgrund von fehlenden Planungszielwerten bewegen wir uns aber hier im Reich reiner Spekulation, weil die entsprechenden Lehrangebotskapazitäten bereits in der Vergangenheit überlastet waren.

Der Schwund von der 1. zur 2. juristischen Staatsprüfung ist bei den universitären Absolventen mit circa 10 % zu veranschlagen und führt zu sogenannten Verschleifungen, die aber nur temporären Charakter haben. Im Weiteren haben wir solche Effekte auch in den gestuften Studiengängen.

1332 Studierende bestanden die Bachelorprüfung im Jahr 2010. Mit Blick auf das Studienjahr 2010/2011 haben 2588 Studierende mit dem entsprechenden Masterstudium (ohne Lehramt) begonnen, wobei hier ein beträchtlicher Anteil von bisherigen Fachhochschulabsolventen anzunehmen ist. Die Zahl der Masterabschlüsse wird mit Sicherheit vor diesem Hintergrund weiter ansteigen. Als Unbekannte bleibt der Faktor „Masterübergang".

3. Makroperspektive Erwerbstätige – Arbeitsmarkt

Im Jahr 1996 lag die Zahl der Erwerbstätigen mit einem universitären Abschluss der Hauptfachrichtung Rechtswissenschaften im gesamten Bundesgebiet bei ca. 216.000. Bis zum Jahr 2000 stieg die entsprechende Zahl der Erwerbstätigen um gut 6 % auf ca. 230.000 an. Anschließend ist es bis zum Jahr 2010 zu einer Zunahme von ca. 30 % gekommen (ca. 296.000 Erwerbstätige/ohne Lehramtsabschlüsse und FH). Im gleichen Jahr hat die Zahl der Erwerbstätigen der Hauptfachrichtung Rechtswissenschaften mit einem Fachhochschulabschluss bei ca. 20.000 gelegen. Aufgrund systematischer Zuordnungsprobleme können die Erwerbstätigen mit Fachhochschulabschluss über den dargestellten Zeitraum in der Entwicklung nicht vollständig ermittelt werden und sind deshalb in die Längsschnittdarstellung nicht einbezogen worden.

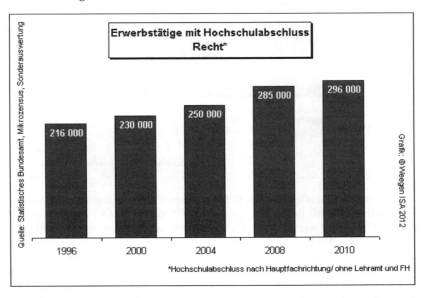

Tendenziell korrespondiert der Erwerbstätigenzuwachs nur geringfügig mit einer moderaten Zunahme von Teilzeitbeschäftigung. Bezogen auf die sozialversicherungspflichtigen Juristen stieg hier der Anteil von 8,1 % (1999) auf 10,7 % (2010) an. Laut Mikrozensus sind 85 % aller Erwerbstätigen dieser Hauptfachrichtung vollzeitbeschäftigt gewesen.

Die Zahl aller Erwerbstätigen (einschl. Fachhochschule und Lehramt) der Hauptfachrichtung Rechtswissenschaften hat im Jahr 2010 eine Größenordnung von ca. 321.000 erreicht. Bezieht man die entsprechenden Absolventen der Verwaltungsfachhochschulen mit ein, bewegt sich die Erwerbstätigenzahl bei 327.000. Bei Zugrundelegung der Altersstruktur derzeit Erwerbstätiger mit der Hauptfachrichtung Rechtswissenschaften / Rechtspflege wird deutlich, dass sich die Arbeitsmarktsituation wegen einer Ausweitung des Anteils bei den über 50-jährigen – unter dem Gesichtspunkt von Ersatznachfrage – etwas entspannen könnte.

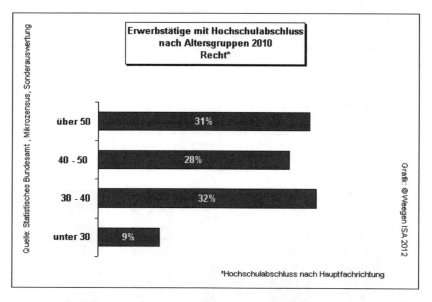

Von den Erwerbstätigen mit der Hauptfachrichtung Rechtswissenschaften/ Rechtspflege waren insgesamt im Jahr 2010 ungefähr 41 % jünger als 40 Jahre. Umgekehrt waren mehr als 30 % älter als 50 Jahre. Unterstellt man ein durchschnittliches Austrittsalter von 63 Jahren, so werden bis zum Jahr 2017 circa 7.000 – 7.500 Personen jährlich aus dem Erwerbsleben ausscheiden. Demgegenüber sind bis 2017 jährlich Absolventen in einer Bandbreite von 13.000 bis 14.000 zu erwarten. Inwieweit der altersbedingte Ersatzbedarf in vollem Umfang überhaupt zum Tragen kommt, ist eine weitere Frage.

20.410 Richter sind im Jahr 2010 im Bundes- oder Landesdienst an ordentlichen Gerichten, Arbeits-, Finanz-, Verwaltungs- und Sozialgerichten beschäftigt gewesen. Die Zahl der Staats- und Amtsanwälte hat 2010 bei 5246 gelegen (1995 waren es noch 5375 Staatsanwälte/-anwältinnen[10]). In beiden Fällen sind die Zahlen langfristig rückläufig und werden mit Sicherheit in diesen beruflichen Schwerpunkten in den nächsten Jahren nicht signifikant nach oben gehen. Der sich zuspitzende fiskalische Hintergrund der öffentlichen Haushalte hat – im Gegensatz zum Bildungsbereich – hier schon deutliche Spuren hinterlassen.

---

10 Quelle: Bundesjustizamt und Statistisches Bundesamt.

Bedingt durch die deutsche Wiedervereinigung erhöhte sich zudem die Zahl der in freier Praxis tätigen Rechtsanwälte temporär um mehr als 40 %. Nach den Informationen der Bundesrechtsanwaltkammer ist die Zahl der tätigen Rechtsanwälte / Anwaltsnotare im Jahr 2011 auf 155.679 angestiegen. Gegenüber dem Jahr 2000 war dies eine Zunahme von über 50.000 Personen. Mit Blick zurück auf den Zeitraum seit 1996 (78.810) hat sich die Personenzahl fast verdoppelt. Einen Überblick über die Anwaltsdichte liefert ebenfalls die Statistik der Bundesrechtsanwaltskammer.[11] Mit Abstand am höchsten ist die Zahl der Rechtsanwälte in Frankfurt: Hier sind im Jahr 2010 allein 17.018 Anwälte tätig gewesen.

Als ein weiterer Vergleichswert sei hier die Zahl des hauptberuflichen wissenschaftlichen Personals an Hochschulen angeführt: Im Jahr 2010 waren dort 4.665 Personen in Rechtswissenschaften tätig, von denen 1.332 Professoren gewesen sind[12].

Die Annahme ist nicht von der Hand zu weisen, dass im Justizwesen und in den öffentlichen Verwaltungen auf Dauer – vor dem Hintergrund der Entwicklung öffentlicher Haushalte – Stellen nicht erheblich ausgebaut werden. Der überwiegende Teil der kommenden Absolventenjahrgänge wird daher mit großer Wahrscheinlichkeit in privaten Einrichtungen und gewerblichen Bereichen neue Tätigkeitsfelder und Aufgaben suchen und dort verstärkt mit Wirtschaftswissenschaftlern konkurrieren. Mit dem – über einen Gesamtausbildungszeitraum von 7 bis 8 Jahren erworbenen – Profil alter Prägung (Befähigung zum Richteramt) dürften Juristen beispielsweise im Vergleich mit den an Fachhochschulen ausgebildeten Wirtschaftsjuristen, deren Ausbildungszeit wesentlich kürzer ist, vielleicht sogar die schlechteren Chancen haben, eine Beschäftigung außerhalb des Justizwesens zu finden. Mit dem Wachsen der Fachhochschulanteile und auch der Möglichkeit von Bachelorabschlüssen an Universitäten hingegen könnten sich die bedarfsgerechten Übergänge in den Arbeitsmarkt erhöhen.

4. Eine Fokussierung – Wirtschaftsjuristen an Hochschulen

Versucht man über die ausgewiesenen amtlichen Daten einen genaueren Überblick über die Situation der Wirtschaftsjuristen zu bekommen, stößt man hier mit Blick auf die Darstellung einer langfristigen Entwicklung an Grenzen. In der Klassifikation des Statistischen Bundesamtes findet sich die Fächergruppe 03 (Rechts-, Wirtschafts- und Sozialwissenschaften) mit den Studienbereichen 28 Rechtswissenschaft mit den zugeordneten Fächern Rechtswissenschaft (Schlüssel 135) und Wirtschaftsrecht (Schlüssel 042). Eine aktuelle Verteilung zeigt folgendes Bild:

---

11 http://www.brak.de.
12 Vgl. Statistisches Bundesamt 2011 b.

Verteilung der Studierenden 2010/11

	universitärer Abschluss			Promotionen	Fachhochschulabschluss		
	Gesamt	davon LL.B.	LL.M		davon	LL.B.	LL. M.
Studienfach Rechtswissenschaft	83032	8924	2545	7369	861	717	10
Studienfach Wirtschaftsrecht	4133	2038	1732	46	12106	9482	754

Quelle: Statistisches Bundesamt, Fachserie 11 Reihe 4.1, Wiesbaden 2011

Das Fach Wirtschaftsrecht findet sich nunmehr mit 2.038 Studierenden auch an Universtäten. Die überwiegende Anzahl studiert dieses Fach an Fachhochschulen (9.482). Auffällig davon hebt sich die Verteilung der Masterstudenten ab: Während hier mit 1.732 Studenten die Universtäten fast ihr Bachelorniveau erreichen, fällt das Verhältnis an Fachhochschulen wesentlich ungünstiger aus. Sicherlich sollten die universitären Daten mit Blick auf den Sonderfall ‚Fern-Universität Hagen' differenziert betrachtet werden. Im Wintersemester 2010/11 waren dort allein 883 Studierende für ‚Master of Laws' eingeschrieben. Allerdings bleibt die Diskrepanz – auch wenn man bei den universitären Daten eine Ausklammerung der Studierenden die Fern-Universität Hagen vornimmt – noch erheblich. Insgesamt könnte nur eine Sonderauswertung klären, wie groß der Anteil der Fachhochschulstudierenden mit angestrebtem Bachelorabschluss an universitären Masterstudierenden ausfällt.

Bezieht man die Mastergruppe auf den Gesamtstudierendenbestand, so fällt die Diskrepanz ähnlich hoch aus: Unter Einbeziehung anderer Abschlüsse (z. B. Diplom) erreichen die Masterstudierenden an Fachhochschulen im Fach Wirtschaftsrecht einen Anteil von 6 %: Hingegen erreicht dieser Anteil an den Universitäten – bei Berücksichtigung des FernUniversitätseffekts – eine Größe, die ein Mehrfaches ausmacht (>25 % unter Ausbeziehung FernUni Hagen).

Absolventenverteilung:
Bestandene Prüfungen (nach Prüfungsgruppen) Studienbereich Rechtswissenschaften 2010
(1.Studienfach)

	Universitäten	Promotionen	Fachhochschulabschluss	Sonstige Abschlüsse
Studienbereich Rechtswissenschaft	9423	1506	2053	227
Studienfach Rechtswissenschaft	9066	1500	25	224
Studienfach Wirtschaftsrecht	357	6	2028	3

Quelle: Statistisches Bundesamt, Fachserie 11 Reihe 4.2, Wiesbaden 2011

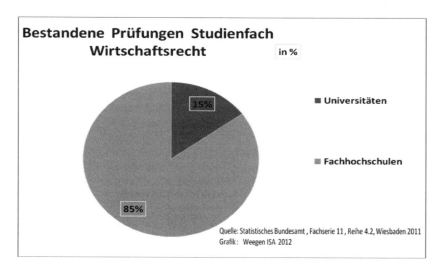

Auch mit Blick auf eine differenziertere Darstellung bei den Absolventendaten wäre eine entsprechende Sonderauswertung erforderlich. Nach bestandenen Prüfungen an Hochschulen differenziert sind 2.058 Abschlüsse im

Jahr 2010 an Fachhochschulen abgelegt worden, die fast alle mit ganz wenigen Ausnahmen (25) dem Fach Wirtschaftsrecht zugeordnet werden können. An Universitäten erreicht die Zahl der Abschlüsse einen Wert, der zwar um ein Vielfaches kleiner liegt (357). Hier stellt sich mit Blick auf weitere Forschungen die Frage nach der Anzahl von Masterabschlüssen und nach Hochschulherkunft dieser Absolventen.

Literatur

Beck, M.: Erfolgsquoten deutscher Hochschulen. In: Statistik und Wissenschaft, Band 11. Statistisches Bundesamt 2007, S. 84 – 104

Klemm, K. / Weegen, M.: Der Teilarbeitsmarkt Schule in den neunziger Jahren in Nordrhein-Westfalen. Essen 1986

ISA – Informationssystem Studienwahl & Arbeitsmarkt – Universität Duisburg – Essen (http://www.uni-due.de/isa/)

Statistisches Bundesamt, Fachserie 11: Bildung und Kultur, Reihe 4.1: Studierende an Hochschulen Wintersemester 2010/11, Wiesbaden 2011

Statistisches Bundesamt, Fachserie 11: Bildung und Kultur, Reihe 4.2: Prüfungen an Hochschulen Wintersemester 2010, Wiesbaden 2011

Statistisches Bundesamt, Fachserie 11: Bildung und Kultur, Reihe 4.4: Personal an Hochschulen, Daten zum Hochschulpersonal, Personalstellen und Stellenäquivalente sowie Habilitationen an deutschen Hochschulen, Wiesbaden 2011 b

Weegen, M.: Studienerfolgsquoten von Hochschulen: Ein geeigneter Indikator für die Hochschul- und Studienwahl? In: Zeitschrift für Beratung und Studium, 2008, Heft 4, S. 104–108

Weegen, M.: „Das Informationssystem Studienwahl & Arbeitsmarkt". In: Müller-Böling, D.: Hochschulranking: Aussagefähigkeit, Methoden, Probleme. Gütersloh 2001

Arbeitsmarktperspektiven von Bachelor- und Master-Juristen

Bernhard Bergmans

1. Einleitung

In den Diskussion über den Bologna-Prozess in der Juristenausbildung hat die Frage eine wichtige Rolle gespielt, welches Berufs- und Arbeitsmarktpotenzial sich den Absolventen dieser Studiengänge bietet. Nachdem festgestellt wurde, dass es zahlreiche berufliche Perspektiven für Bachelor- und Master-Juristen gibt[1], bleibt also zu klären, in welchem Ausmaß dieses Potenzial gegeben ist. Handelt es sich um Nischen auf dem Arbeitsmarkt, wie vielfach suggeriert wird, die allenfalls einer begrenzten Anzahl von Absolventen ernsthafte Chancen bietet? Oder sind Bachelor- und Master-Juristen eine ernsthafte Alternative und damit eine Konkurrenz für Volljuristen? Falls ja, in welchem Umfang und innerhalb welchen Zeitraums würde dieses Potenzial erschlossen werden können?

Daran schließt sich die Frage an, was der Markt bereit ist, für eine solche Qualifikation zu zahlen. Sind Bachelor- und Master-Absolventen Discount-Juristen, die zum Schnäppchen-Preis zu haben sind, weil ihre Qualifikation für eine interessante Bezahlung nicht ausreicht? Oder honoriert der Markt eine nachgefragte Qualifikation mit marktgerechten Vergütungen?

Diesen beiden Aspekten soll im Folgenden nachgegangen werden. Beide erfordern eine Quantifizierung und den Rückgriff auf Marktdaten, die allerdings so ohne weiteres nicht verfügbar sind:

– Zum einen ist der juristische Arbeitsmarkt kaum untersucht worden[2], mit Ausnahme des Anwaltsmarktes[3].
– Zum anderen ist auch eine Auswertung von statistischen Daten nicht ohne weiteres möglich, da relevante Daten zum Teil gar nicht erfasst wer-

---

1 S. die Beiträge von *Sick* (S. 60) und *Bergmans* (S. 72).
2 S. insbesondere das Kapitel ‚Juristen' in der jährlichen Publikation der Bundesagentur für Arbeit, ‚Der Arbeitsmarkt für Akademikerinnen und Akademiker in Deutschland', zuletzt für 2011 (Nürnberg 2012), S. 54 – 56 (http://statistik.arbeitsagentur.de/Statischer-Content/Arbeitsmarkt berichte/Berichte-Broschueren/Arbeitsmarkt-fuer-Akademiker/Generische-Publikationen/Broschuere-Akademiker-2011.pdf) [26.9.2012], sowie das Informationsportal ISA (Informationssystem Studienwahl und Arbeitsmarkt) an der Universität Duisburg-Essen (www.isa-info.de). Aus der älteren Literatur z. B. *W. Harms*, Juristenschwemme – Prognosen und Fehlprognosen, AnwBl 1984, S. 113 ff.; *S. Freiburg*, erst studieren, dann taxifahren?, JuS 2000, S. 515–518
3 S. z. B. die Informationsanbieter JUVE (www.juve.de), e-fellows.net (www.e-fellows.net), sowie die Unternehmensberatungen Staufenbiel (www.staufenbiel.de) und Kienbaum (www.kien baum.de).

den, zum Teil nicht systematisch, oder dann mehrfach mit unterschiedlichen Systematiken.

Erschwerend kommt hinzu, dass der Arbeitsmarkt für Juristen komplexer geworden ist und der Einblick in diese neuen Strukturen fehlt. Dies gilt insbesondere für den Teilmarkt der Bachelor- und Master-Juristen, der gerade erst im Entstehen begriffen ist.

Trotz dieser Einschränkungen wird im Folgenden versucht, die verfügbaren Daten im Zusammenhang darzustellen und hieraus brauchbare Schlussfolgerungen abzuleiten. Da auch der Arbeitsmarkt sich ständig weiterentwickelt, kommt es ohnehin weniger auf zahlenmäßige Genauigkeit an als auf belastbare Tendenzaussagen. Als Grundlage dienen dabei jeweils Daten für das Jahr 2011.

2. Arbeitsmarktperspektiven

2.1 Einleitung

Zum Teilarbeitsmarkt von Bachelor- und Master-Juristen gibt es bislang keine Untersuchungen. Die Justizministerkonferenz hat 2008 zwar versucht, zu einer Einschätzung der diesbezüglichen Perspektiven zu kommen, ist aber letztlich zu dem Ergebnis gelangt, dass keine belastbaren Aussagen über die Anzahl eventueller Arbeitsplätze getroffen werden können.[4]

Eine erste Möglichkeit, diese Lücke zu füllen, bestünde darin, Daten zu Angebot und Nachfrage auszuwerten. Für das Angebot stehen dabei die Absolventen, die ihre juristische Kompetenz und Arbeitskraft anbieten, für die Nachfrage die potenziellen Jobs bzw. Arbeitgeber. Dies würde jedoch nicht zu brauchbaren Ergebnissen führen:

- Auf der Angebotsseite ist es zwar möglich zu ermitteln, wie viele Bachelor- und Master-Juristen es bislang gibt, und dies kann unter Berücksichtigung insbesondere der demografischen Entwicklung ceteris paribus in etwa extrapoliert werden. Entscheidender ist aber die Frage, wie viele solcher Absolventen es zukünftig geben könnte und wie viele der Markt aufnehmen würde, wenn in nennenswertem Maße Studierende von der klassischen zur Bologna-konformen Ausbildung wechseln. Das zu prognostizieren ist aber weitaus schwieriger und hängt in erheblichem Maße von möglichen Einsatzgebieten und den diesbezüglichen Perspektiven ab, d. h. der Nachfrageseite.
- Auf dieser Nachfrageseite gibt es zwar Daten über Stellenangebote, aber diese sind in mehrfacher Hinsicht wenig aussagefähig: Gerade beim Berufseinstieg werden viele Stellen auf der Basis von Initiativbewerbungen besetzt, oft auch im Anschluss an ein Praktikum während des Stu-

---

[4] Justizministerkonferenz, Ausschuss zur Koordinierung der Juristenausbildung, Berufsfelder, die für eine Ausbildung nach der Bachelor-Master-Struktur relevant sein könnten (2008), S. 23–24.

diums oder aufgrund einer früheren Ausbildung. Zudem wird Führungspersonal, sofern es nicht aus eigenen Ressourcen entwickelt werden kann, meist von Personalvermittlern geworben, die nicht alle Stellen öffentlich anbieten. Verzerrend wirkt zudem, dass zumindest bislang Arbeitgeber sehr oft Bachelor- und Master-Abschlüsse und die hier vermittelten Qualifikationen nicht kennen und ‚reflexartig' Volljuristen nachfragen, obschon diese ggf. weniger gut für eine bestimmte Tätigkeit qualifiziert sind. Erkenntnisse über das Arbeitsmarktpotenzial können daraus daher nicht abgeleitet werden.

Eine Einschätzung des Arbeitsmarktpotenzials für Bachelor- und Master-Juristen ist also nur auf indirekte Weise möglich. Ob so belastbare Ergebnisse erzielt werden können, hängt entscheidend von der Untersuchungsmethode ab, die daher zunächst dargestellt wird.

2.2 Vorgehensweise und Methodik

Für die indirekte Ermittlung des Arbeitsmarktpotenzials von Bachelor- und Master-Juristen gibt es mehrere Ansätze:

(1) Eine erste Möglichkeit bestünde in der Annahme, dass diese in gewissem Sinne ‚neue' Kategorie von Juristen neue, bislang nicht existierende Stellen besetzen, die also entstehen, weil es diese neuartige Qualifikation gibt oder weil es im Markt einen neuen Bedarf gibt, der mit dieser Ausbildung besonders gut korrespondiert.

In der Tat können einzelne Aufgaben- oder Tätigkeitsfelder identifiziert werden, die gerade entstehen oder entstanden sind, wie z. B. in den Bereichen Compliance, juristisches Informationsmanagement oder IT- und Internetrecht, und vielleicht auch in Teilbereichen der selbständigen Rechtsberatung, wie z. B. der Mediation, für die nicht zwingend eine volljuristische Ausbildung erforderlich ist.

Die Auswertung der Berufstätigkeit von Wirtschaftsjuristen mit Diplom- oder Bachelor-Abschluss zeigt jedoch, dass die meisten in seit langem bestehenden Feldern tätig sind, und dass diese Stellen in Ermangelung von Bachelor- und Master-Juristen eben von anderen Hochschulabsolventen besetzt würden. Das gilt ebenso für die erwähnten neuen Berufsfelder, so dass sich auch hier letztlich eine Frage der Konkurrenz verschiedener Absolventengruppen stellt.

(2) Diese Konkurrenzsituation ist der Ausgangspunkt für einen zweiten Ansatz, bei dem untersucht wird, in welchem Maße Bachelor- und Master-Juristen anders Qualifizierte substituieren, d. h. bei Ausscheiden ersetzen bzw. im Wettbewerb um eine freie Stelle verdrängen.

Eine solche Konkurrenzsituation kann dabei in zweierlei Richtung existieren:

- Zum einen im Verhältnis zu Volljuristen: Von einer solchen Konkurrenzsituation ist umso mehr auszugehen, als im Gegensatz zu anderen Fachrichtungen, bei denen die Diplom- oder Magisterstudiengänge abgeschafft und durch Bachelor- und Master-Studiengänge ersetzt wurden, im juristischen Bereich ausdrücklich Letztere nur die weiterhin nach traditionellem Muster durchgeführte volljuristische Ausbildung ergänzen[5].
- Zum anderen ist zu beachten, dass zumindest für den Bereich der Wirtschaftsjuristen[6] viele von diesen eine Tätigkeit ausüben, die auch von Nichtjuristen ausgeübt werden (können), insbesondere Betriebswirten, Wirtschaftsingenieuren oder Psychologen.

Angesichts der Erfahrungswerte über bisherige Tätigkeitsfelder zumindest von Fachhochschul-Absolventen, von denen nur ein geringer Anteil eine primär juristische Tätigkeit ausübt, könnte man argumentieren, dass sogar letztere Konkurrenzsituation die relevantere ist, und nicht jene zu Volljuristen. Dies gilt umso mehr, als für manche Berufswege Volljuristen ein Monopol besitzen (s. u.). Dieser Schluss sollte jedoch nicht vorschnell gezogen werden, denn es besteht ein Wettbewerb zwischen beiden Gruppen zumindest in relevanten Teilbereichen:

- Zum einen üben auch viele Volljuristen eine Tätigkeit aus, die nicht in erster Linie juristisch ist und für die sie vermutlich keinen volljuristischen Abschluss benötigen (s. u.). Es ist also wichtig, den Markt für Volljuristen differenziert zu betrachten.
- Zum anderen kann und wird die Tätigkeit von Master-Absolventen, von denen es bislang nur wenige gibt, zumal mit Universitätsabschluss, typischerweise wesentlich juristischer geprägt sein als jene der Bachelor-Absolventen, die in der bisherigen Betrachtung dominieren.
- Schließlich betreffen die bisherigen Erfahrungen vor allem interdisziplinär ausgebildete Wirtschaftsjuristen. Es ist jedoch durchaus möglich, dass es in Zukunft eine nennenswerte Anzahl allgemein qualifizierter Bachelor- und Master-Juristen geben wird, deren Ausbildung der volljuristischen ähnelt.

Die Analyse des Substitutionspotenzials wird sich daher in erster Linie auf den Markt der juristischen Qualifikationen konzentrieren, zumal dies auch vom Ausbildungsanspruch der juristischen Bachelor- und Master-Studiengänge her der relevante Markt ist. Anschließend wird dann ergänzend im Sinne eines Exkurses die Wettbewerbssituation mit anders Qualifizierten angesprochen (s. Abschnitt 2.5).

---

5 Beschluss der Justizminister auf der 82. Konferenz der Justizministerinnen und Justizminister am 18. und 19. Mai in Halle (Saale), Beschluss TOP II.2.

6 Dieser Begriff ist im weiten Sinne zu verstehen, umfasst also auch Absolventen von Studiengängen, die sich selbst nicht als wirtschaftsjuristisch titulieren, aber speziell für eine Tätigkeit in der Wirtschaft ausbilden.

(3) Da es sich hier in gewissem Sinne um ein neuartiges ‚Produkt' handelt, das in Konkurrenz zu einem bestehenden tritt, ist so vorzugehen, wie man es auch bei der Analyse der Marktchancen eines sonstigen neuen Produkts tun würde. Für den juristischen Arbeitsmarkt bedeutet das:
- Wie hoch ist der aktuelle Bestand, d. h., wie viele berufstätige Volljuristen gibt es in welchen Bereichen? Welche davon sind für die Betrachtung relevant? (s. Abschnitt 2.3)
- Welche Substitutionsmöglichkeiten gibt es, d. h., welche der Stellen, die bislang von Volljuristen besetzt werden, könnten perspektivisch von Bachelor- und Master-Juristen besetzt werden? (s. Abschnitt 2.4)
- Wie sind die Perspektiven einer tatsächlichen Realisierung dieses Potenzials im Zeitablauf? Wie viele Juristen scheiden jährlich aus dem Berufsleben aus und wie viele steigen voraussichtlich ein? Wächst das Angebot oder schrumpft es? (s. Abschnitt 2.6)

Inwiefern muss man den Markt hierbei differenziert betrachten? (s. Fazit)

2.3 Der Markt für Volljuristen

Man kann sich dem Arbeitsmarkt von Volljuristen aus zwei Richtungen annähern:
- Zum einen ausgehend vom Angebot, d. h. den Hochschulabsolventen mit einem volljuristischen Abschluss.
- Zum anderen ausgehend von der Nachfrage im Bereich der Arbeitnehmerbeschäftigung durch Kanzleien, Unternehmen und öffentlicher Hand sowie Zahlen zur Selbständigkeit.

2.3.1 Angebotsbetrachtung

In einem ersten Schritt ist zu ermitteln, wie viele Berufstätige mit einem volljuristischen Hochschulabschluss es gibt.

Zugrunde gelegt werden hier zunächst die Zahlen zum erfolgreich abgelegten 2. Staatsexamen[7], und zwar im Zeitraum 1975–2010. Die durchschnittliche Karrieredauer wird dabei wie folgt geschätzt: Im Jahre 2010 betrug das Durchschnittsalter der erfolgreichen Absolventen des 1. Staatsexamens 26,4 Jahre[8]. In der Annahme, dass der Vorbereitungsdienst inkl. Wartezeit ca. 2,5 Jahre dauert, ergibt sich derzeit ein Berufseintrittsalter von ca. 29 Jahren, und bei einem angenommenen Renteneintritt mit 65 Jahren eine Karrieredauer von 36 Jahren. Dabei wird aus Vereinfachungsgründen des Weiteren angenommen, dass diese Daten repräsentativ für die gesamte Zeitspanne sind.

---

7 Zzgl. Absolventen der einstufigen Juristenausbildung. Quelle: Justizverwaltung, www.bundesjustizamt.de (unter ‚Bürgerdienste => Justizstatistik').
8 Statistisches Bundesamt, Bildung und Kultur. Prüfungen an Hochschulen 2010, Fachserie 11, Reihe 4.2, Wiesbaden 2011, Tab. 4, S. 159, www.destatis.de.

Arbeitsmarktrelevant sind aber auch jene Absolventen, die nur das 1. Examen erfolgreich bewältigt haben, denn auch sie sind berufstätig und besetzen Stellen, die insbesondere auch für Bachelor- und Master-Juristen interessant sein können.[9]

Die hieraus resultierende Gesamtzahl gibt eine Indikation, wie viele Volljuristen im Jahre 2011 berufstätig sein konnten.

Von dieser Maximalzahl werden 5 % abgezogen, um jene Absolventen herauszurechnen, die aus welchen Gründen auch immer nicht im Arbeitsmarkt angekommen sind bzw. ernsthaft als Juristen tätig sein wollten.[10]

Verkürzt oder verlängert man die Dauer der durchschnittlichen Berufstätigkeit um jeweils 2 Jahre oder erhöht/erniedrigt man den Drop-out um 1–2 %-Punkte, ergibt sich eine Spanne, innerhalb derer die tatsächliche Anzahl der berufstätigen Volljuristen liegen dürfte.

Absolventen 2. Staatsexamen 1975–2010	277.000 (Spanne 270.000 – 285.000)
+ Absolventen nur 1. Examen 1975–2010	29.400 (Spanne 28.000 – 31.000)
= Zwischensumme	306.400 (Spanne 298.000 – 316.000)
abzgl. 5 %	15.300 (Spanne 15.000 – 16.000)
Anzahl Volljuristen im Arbeitsmarkt 2011	ca. 291.000 (Spanne 283.000 – 300.000)

Auch im Abgleich mit dem Mikrozensus[11] erscheint diese Zahl realistisch. Demzufolge hatten 2010 ca. 311.000 Erwerbspersonen (davon 8.000 erwerbslos) einen Universitätsabschluss in den Rechtswissenschaften[12]. Der zahlenmäßige Unterschied zum ermittelten Potenzial dürfte darauf zurückzuführen sein, dass in dieser Zahl 29.000 Erwerbspersonen (davon ca. 2.000 erwerbslos) enthalten sind, die jünger als 30 Jahre sind. Plausibel ist dies

---

9 Absolventen 2. Examen (293.000) abzgl. Absolventen 1. Examen (264.600). Quelle: s. Fn 10.

10 Lt. einer HIS-Studie waren 2007 zehn Jahre nach Studienabschluss 90 % der Absolventen berufstätig (Männer 98 %, Frauen 81 %), ca. 2–4 % arbeitssuchend: *G. Fabian, K. Briedis*, Aufgestiegen und erfolgreich. Ergebnisse der dritten HIS-Absolventenbefragung des Jahrgangs 1997 zehn Jahre nach dem Examen, HIS Forum Hochschule 2/2009, S. 4–5, 7, 32, 58 (http://www.wege-ins-studium.de/data/File/HIS_Absolventen_fh-200902.pdf) [26.9.2012]. Auch hier muss man der Einfachheit halber davon ausgehen, dass dies für den gesamten Zeitraum gilt. Da der Frauenanteil früher niedriger lag und relativ betrachtet vor allem Absolventinnen nicht berufstätig sind, war der Prozentsatz der Berufstätigen insgesamt vermutlich früher etwas höher.

11 Der Mikrozensus ist die amtliche Repräsentativstatistik über die Bevölkerung und den Arbeitsmarkt, an der jährlich 1 % aller Haushalte in Deutschland beteiligt sind (laufende Haushaltsstichprobe). Insgesamt nehmen rund 390.000 Haushalte mit 830.000 Personen am Mikrozensus teil. Die Teilnehmer werden u. a. zu ihrer aktuellen Berufstätigkeit befragt und diese werden gemäß einer Berufsklassifikation systematisch erfasst (bis 2011 auf Basis der Klassifikation der Berufe 1992). Nähere Informationen beim Statistischen Bundesamt, www.destatis.de.

12 Statistisches Bundesamt, Bildungsstand der Bevölkerung, 2011, Tabellen 6.1.1–6.1.4 (www.destatis.de).

nur, wenn die im Vorbereitungsdienst befindlichen Studierenden als Erwerbspersonen erfasst wurden, was nach der Systematik des Mikrozensus auch so erfolgen soll. Da 2007–2010 ca. 8.000–9.000 Studierende p. a. das 2. Examen erfolgreich abgelegt haben und von ca. einem Jahrgang unter 30 Jahren auszugehen ist (s. o.), trifft die hiervor ermittelte Zahl ziemlich genau zu, wenn man zudem die statistischen Ungenauigkeiten des Mikrozensus berücksichtigt.[13]

2.3.2 Nachfragebetrachtung

Die Gesamtzahl der berufstätigen Volljuristen ist nun zu differenzieren, da den Bachelor- und Master-Juristen aus rechtlichen und tatsächlichen Gründen nicht alle Tätigkeitsfelder gleichermaßen offenstehen. Zu klären ist also die Frage, welche Tätigkeiten die vorerwähnten Juristen ausüben, um auf dieser Grundlage zu ermitteln, welcher Anteil mittel- bis langfristig auf Bachelor- und Master-Juristen entfallen könnte.

(1) Als Basisdaten werden hier i. W. jene des Mikrozensus des Statistischen Bundesamts sowie ergänzend die Beschäftigtenstatistik der Bundesagentur für Arbeit verwendet. Da diese unterschiedliche Ziele, Quellen, Erhebungszeitpunkte und Methoden verwenden, sind sie allerdings nicht immer ohne weiteres kompatibel.

Beide verwenden bislang auch eine unterschiedliche Berufsklassifizierung[14], deren Unterschiede im juristischen Bereich jedoch nicht relevant sind. In den Statistiken sind dabei folgende Berufsordnungen (BO) gemäß den Berufsklassifikationen von Interesse:
– BO 811 Richter/Richterinnen, Staats-, Amtsanwälte und -anwältinnen
– BO 813 Rechtsvertreter/Rechtsvertreterinnen, Rechtsberater/Rechtsberaterinnen
– BO 871 Hochschullehrer/-innen.

Diese Berufsordnungen sind in den jeweiligen Klassifikationen zwar noch unterteilt, aber es liegen diesbezüglich keine Daten vor. Die Erfassung juristischer Berufe ist also zum einen wenig differenziert, zum anderen primär am Berufsfeld, aber nicht an der Ausbildung orientiert:

Entsprechend sind in der BO 811 auch Amtsanwälte enthalten, die kein volljuristisches Studium absolviert haben. Die BO 813 erfasst insbesondere Rechtsanwälte, Notare, Patentanwälte, Justitiare und Syndizi, aber z. B. auch Datenschutzbeauftragte. Unklar ist, in welchem Maße in den Mikrozensus-Daten ggf. auch Personen erfasst sind, die in diesen Berufsfeldern

---

13 Der Mikrozensus ist eine Stichprobenbefragung die hochgerechnet wird, so dass geringe Modifikationen der Basis zu relativ großen Ergebnisänderungen führen. Daher sind Schwankungen von mehreren Tausend Erwerbstätigen möglich.
14 Das Statistische Bundesamt verwendet die Klassifikation der Berufe (KldB) 1992, die Bundesagentur für Arbeit die KldB 1988. Beide werden ab 2011 schrittweise abgelöst von der einheitlichen KldB 2010.

tätig sind, aber eine andere bzw. geringere Qualifikation aufweisen (z. B. Diplom-Wirtschaftsjuristen (FH), Absolventen einer Fachhochschule der öffentlichen Verwaltung, ReNo-Fachangestellte), da hier Eigenangaben der Befragten ausgewertet werden.

Die BO 812 Rechtspfleger/Rechtspflegerinnen (gehobener Justizdienst) wird nicht weiter berücksichtigt, da diese an speziellen Fachhochschulen ausgebildet werden und kein volljuristisches Studium absolvieren.[15]

Zur Unterteilung der BO 811 und 813 werden weitere Quellen genutzt, die jeweils angegeben sind.

Die Auswertung dieser Daten führt zu folgender erster Aufteilung[16]:

	Selbständige	Beamte	Angestellte
BO 811		28.000[17]	
BO 813	96.000	16.000	76.000 dav. im öD: 15.000
BO 871		1.300	

(2) Von Bedeutung ist vor allem die Unterteilung der BO 813 (Rechtsvertreter/-berater), da hier verständlicherweise die größte Zahl der berufstätigen Juristen eingruppiert ist.[18] Von Interesse ist hier insbesondere die Unterteilung in Selbständige und Angestellte, da namentlich letztere Gruppe Tätigkeiten ausübt, die für Bachelor- und Master-Juristen in Frage kommen.

---

15 Dies führt insofern auch zu einem anderen Ergebnis als die Auswertung der Bundesagentur für Arbeit, Der Arbeitsmarkt für Akademikerinnen und Akademiker in Deutschland, s. Fn. 5.
16 Quellen: Mikrozensus Tab. BO 2 Erwerbstätige nach Berufsordnung / -gruppen und Stellung im Beruf, Tab. BO 3 Erwerbstätige nach Berufsordnungen / -gruppen und Wirtschaftsunterbereichen.
17 Die Zahl von 28.000 (nur Richter und Staatsanwälte) beruht auf Daten der Justizverwaltung (Quelle: Statistisches Bundesamt, Statistisches Jahrbuch 2011, Tab. 10.2 und 10.3). Gemäß Mikrozensus sind in der BO 811 34.000 Personen erfasst. Die Differenz von 6.000 Personen sind entweder Amtsanwälte oder Referendare. Im Mikrozensus sind diese 6.000 Personen als Beamte erfasst, was eher auf erstere Gruppe schließen lässt, da Referendare außer in Thüringen nicht mehr Beamte auf Widerruf sind. Allerdings werden Referendare im Mikrozensus bereits als Berufstätige erfasst und der passendsten BO zugeordnet. In der Beschäftigtenstatistik sind ca. jedoch 3.900 Personen in der BO 811 als (sozialversicherungspflichtige) Beschäftigte erfasst (dies müssten Referendare sein, da Beamte hier nicht erfasst werden), zusätzlich ca. 2.000 ohne Hochschulabschluss. Diese Ungenauigkeiten bzw. Widersprüche sind offenbar auf eine fehlerhafte Erfassung/Einmeldung zurückzuführen, so dass eine Korrektur nicht möglich ist.
18 Der Begriff des ‚Beraters' ist dabei i. w. S. zu verstehen und nicht im Sinne einer selbständigen Beratungstätigkeit. De facto werden dieser BO im Mikrozensus offenbar alle Juristen mit Hochschulabschluss zugeordnet, die in keine spezifischere BO fallen.

Nach der Statistik der Bundesrechtsanwaltkammer gab es Ende 2011 ca. 158.000 zugelassene Rechtsanwälte (ohne ausländische Rechtsanwälte)[19], außerdem ca. 3.200 Patentanwälte[20] sowie 1.500 Notare.[21] Die relevante BO 813 weist (ohne Beamte) lt. Mikrozensus insgesamt 172.000 Rechtsberater aus, davon 96.000 Selbständige und 76.000 Angestellte. In der letzteren Gruppe sind 15.000 Angestellte des öffentlichen Dienstes enthalten, so dass ca. 157.000 Rechtsberater übrig bleiben, und dies entspricht unter Berücksichtigung der Ungenauigkeiten des Mikrozensus in etwa der Zahl zugelassener Rechts- und Patentanwälte sowie Notare.

Zu unterteilen ist noch die Zahl der in der Privatwirtschaft angestellten Juristen, wodurch gleichzeitig die Zahl der selbständigen (96.000, ca. 61 %) und im Privatsektor angestellten (61.000, ca. 39 %) Rechtsberater plausibilisiert werden kann.

Eindeutige Daten hierzu gibt es nicht. Aus einer (Stichproben-)Befragung bei STAR (‚Statistisches Berichtssystem für Rechtsanwälte' des Instituts für freie Berufe (IfB) Nürnberg) geht hervor, dass 2006 insgesamt 62 % der Rechtsanwälte ausschließlich oder zumindest überwiegend selbstständig tätig waren. 13 % arbeiteten als angestellte Anwälte und weitere 4 % als freie Mitarbeiter. Des Weiteren waren 15 % der Anwälte hauptsächlich als Syndikusanwälte beschäftigt. Die verbleibenden 6 % übten überwiegend andere Tätigkeiten aus wie Unterricht oder Schriftstellerei.[22]

Nach einer neueren Studie zum Berufseinstieg junger Anwälte starten 56 % der Anwälte als Angestellte, 10 % als Syndikusanwälte.[23] Da aus ersterer Gruppe später erfahrungsgemäß ein Teil sich selbständig macht, ein

---

19 Bundesrechtsanwaltkammer, Große Mitgliederstatistik zum 1.1.2012, www.brak.de.
20 Auskunft der Patentanwaltskammer, www.patentanwaltskammer.de.
21 Quelle: Statistisches Bundesamt, Statistisches Jahrbuch 2011, Tab. 10.3. Notaranwälte sind bei den Rechtsanwälten erfasst.
22 *K. Eggert*, Struktur der Anwaltschaft: Einzelkanzleien immer noch vorherrschend, Legal Tribune online, o. D., http://www.lto.de/juristen/statistiken/anwaltschaft/struktur-der-deutschen-anwaltschaft/ [14.9.2012].
23 *K. Eggert, O. Kääb*, Berufseinstieg und Berufserfolg junger Rechtsanwältinnen und Rechtsanwälte – Juristische Ausbildung und Kanzleigründung. Studie im Auftrag der Selbsthilfe der Rechtsanwälte, BRAK-Mitt. 1/2011, S. 9 ff (11) (Befragung 2010). Ein ähnliches Ergebnis ergibt eine Studie des *Soldan Institut für Anwaltmanagement Köln*: 59 % der zwischen 2004 und 2010 zugelassenen Anwälte starteten als Angestellte (1996: 32 %), 4 % als Syndikus (1996: 4 %), 26 % als Kanzleigründer (1996: 41 %), der Rest als freie Mitarbeiter. Nach sieben Jahren sind aber nur noch 30 % angestellt und 60 % selbständig: Pressemitteilung vom 15.6.2012, http://www.soldaninstitut.de/index.php?id=2899 [17.9.2012]. S. auch *C. Hommerich, M. Kilian u. a.*, Die Berufssituation junger Rechtsanwältinnen und Rechtsanwälte. Eine empirische Analyse des Zulassungsjahrgangs 2003, Köln 2006, die bereits den Trend zu mehr angestellten Anwälten aufzeigen.

anderer Teil in Unternehmen tätig wird, scheinen die vorstehenden Anteile plausibel.[24]

In der BO 813 können auch Wirtschaftsjuristen mit Fachhochschulabschluss erfasst sein. Da deren Gesamtzahl mit ca. 10.000 Absolventen aber überschaubar ist und vor allem nur ein kleiner Anteil tatsächlich eine primär juristische Tätigkeit ausübt, die entscheidend für die Zuordnung im Mikrozensus ist, beeinflusst dies das Ergebnis nicht nennenswert.[25]

(3) Zu plausibilisieren sind diese Daten noch mit der Beschäftigtenstatistik der Bundesagentur für Arbeit, die nur – aber alle – sozialversicherungspflichtig Beschäftigten[26] erfasst. Ihr zufolge waren zur Jahresmitte 2011 in den BO 811 und 813 jedoch nur ca. 40.400 Juristen mit Hochschulabschluss sozialversicherungspflichtig beschäftigt, davon ca. 3.900 in BO 811, ca. 36.500 in BO 813.[27]

Für die zahlenmäßig besonders relevante BO 813[28] könnte ein Erklärungsansatz für die abweichenden Zahlen aus der Definition der Sozialversicherungspflicht abgeleitet werden. Denn auch angestellte Anwälte und Syndizi sind zwar grundsätzlich krankenversicherungspflichtig. Übersteigt das jährliche Brutto-Arbeitsentgelt aber die Jahresarbeitsentgeltgrenze (JAEG, auch Versicherungspflichtgrenze genannt), sind sie in der gesetzlichen Krankenversicherung nicht mehr pflichtversichert. Diese Grenze lag 2010–2011 bei

---

24 Anderen Schätzungen zufolge sind heute ca. 20 % als Syndikusanwälte tätig, während dieser Anteil früher auf 5–10 % geschätzt wurde: *M. W. Huff*, Schon die freie Rechtsberatung macht den Anwalt, Legal Tribune online, 2.2.2012 (www.lto.de/recht/job-karriere/j/berufsstatus-des-syndikus-schon-die-freie-rechtsberatung-macht-den-anwalt/ [11.9.2012]. Bei einer anderen Studie gaben nur 25 % der befragten Juristen an, selbständig tätig zu sein (*G. Fabian, K. Briedis*, Aufgestiegen und erfolgreich. Ergebnisse der dritten HIS-Absolventenbefragung des Jahrgangs 1997 zehn Jahre nach dem Examen, HIS Forum Hochschule 2/2009, S. 44, 53, 78). Da hier jedoch alle Arten von Berufstätigkeit erfasst wurden (auch Beamte und nicht als Juristen Tätige) und nur 295 Jura-Absolventen befragt wurde (S. 169) stellen sie die o. g. Daten nicht grundsätzlich in Frage.

25 Im Prinzip müssten in der BO 813 auch die Referendare enthalten sein, die nicht der BO 811 zugerechnet werden, d. h. ca. 10.000. Eine genauere Zuordnung ist jedoch nicht möglich (s. Fn. 20 hiervor).

26 D. h. alle Arbeitnehmer, die kranken-, renten-, pflegeversicherungspflichtig und/oder beitragspflichtig nach dem Recht der Arbeitsförderung sind oder für die Beitragsanteile zur gesetzlichen Rentenversicherung oder nach dem Recht der Arbeitsförderung zu zahlen sind. Nicht erfasst sind im Prinzip Beamte und Selbständige.

27 Arbeitsmarkt in Zahlen. Beschäftigungsstatistik. 1. Sozialversicherungspflichtig Beschäftigte nach Berufen (Klassifizierung der Berufe 1988), Stichtag 30.6.2011, http://statistik.arbeitsagentur.de. Die Berufseinordnung erfolgt hier durch den Arbeitgeber. Insgesamt sind hier zusätzlich ca. 12.000 Personen ohne Hochschulabschluss erfasst.

28 In der BO 811 könnte es sich allenfalls um Referendare handeln, da hier ansonsten nur nicht sozialversicherungspflichtige Beamte erfasst werden. Diese Zahl würde aber nicht mit den Daten des Mikrozensus übereinstimmen (s. Fn. 20 und 28), da im Prinzip alle Referendare (außer Beamte auf Widerruf) sozialversicherungspflichtig sind. Die Fehlerquelle liegt hier bei der Einmeldung.

ca. 50.000 €, so dass insbesondere zahlreiche angestellte Juristen zumindest auf dieser Grundlage in der Statistik nicht erfasst sein dürften. Diese Grenze greift allerdings nicht für die Rentenversicherungspflicht. Hier gilt jedoch, dass Rechtsanwälte (auch angestellte) durch ihre Zwangsmitgliedschaft im Rechtsanwaltsversorgungswerk von der Rentenversicherungspflicht befreit sind, so dass im Ergebnis insbesondere gut verdienende angestellte Anwälte gar nicht als sozialversicherungspflichtig erfasst sind. Das gilt jedoch nicht zwingend für in Unternehmen, Verbänden usw. angestellte Juristen. Hier kommt es darauf an, ob in der abhängigen Beschäftigung eine Rechtsanwaltstätigkeit ausgeübt wird. Das ist der Fall, wenn die Tätigkeit rechtsberatend, rechtsentscheidend, rechtsgestaltend und rechtsvermittelnd ist. Strittig ist dies insbesondere für Unternehmenssyndizi, die bislang von der Deutschen Rentenversicherung im Prinzip als versicherungspflichtig betrachtet werden; allerdings wird dies offenbar nicht einheitlich gehandhabt und ist auch rechtlich umstritten.[29]

Aus der Gesamtheit all dieser Anhaltspunkte kann man grob ableiten, dass 2011 ca. 24.000 angestellte Juristen in Unternehmen tätig waren, weitere ca. 37.000 Volljuristen als angestellte Anwälte[30].

(4) Aus dem Vergleich mit der Angebotsseite ergibt sich schließlich, dass ca. 74.000 ausgebildete Juristen (ca. 25 % aller Absolventen des 1. und 2. Examens: s. o.) zwar berufstätig sind, aber nicht als Juristen.

Eine unmittelbare Plausibilisierung ist hier schwierig.[31] Aufgrund einer Befragung (mit allerdings beschränktem Umfang) üben 76 % der juristischen Hochschulabsolventen eine Tätigkeit aus, für die das juristische Studium zwingend erforderlich ist, für 14 % ist es die Regel, für 9 % hilfreich, nur für 2 % irrelevant.[32]

---

29 S. hierzu *M. W. Huff*, Befreiungsanträge von der Rentenversicherungspflicht in zweiter Instanz, Legal Tribune online, 28.6.2012 (http://www.lto.de/recht/job-karriere/j/rentenversicherung-syndikusanwaelte-landessozialgerichte-rechtsanwaelte-versorgungswerk/) [11.9.2012].
30 Davon sind in beiden Gruppen jeweils ca. 16.500 sozialversicherungspflichtig. Die übrigen ca. 3.600 sozialversicherungspflichtig Beschäftigten werden der öffentlichen Verwaltung (inkl. Justiz) zugeordnet.
31 Lt. Mikrozensus sind ca. 9.000 Juristen im Bereich Versicherungen/Finanzdienstleistungen tätig (davon ca. 7.500 im Versicherungsbereich lt. Justizministerkonferenz, Ausschuss zur Koordinierung der Juristenausbildung, Berufsfelder, die für eine Ausbildung nach der Bachelor-Master-Struktur relevant sein könnten (2008), S. 13). Lt. Beschäftigtenstatistik arbeiten jedoch nur ca. 1.500 sozialversicherungspflichtige Juristen bei Banken und Versicherungen. Auch aufgrund der Größenordnungen ist nicht auszuschließen, dass ein Teil der Juristen in diesen Sektoren als Nichtjuristen tätig ist.
32 *G. Fabian, K. Briedis*, Aufgestiegen und erfolgreich. Ergebnisse der dritten HIS-Absolventenbefragung des Jahrgangs 1997 zehn Jahre nach dem Examen, HIS Forum Hochschule 2/2009, S. 56. Befragt wurden nach 10 Jahren aber nur noch 295 Personen (S. 169).

(5) Hieraus ergibt sich folgende Aufteilung der Tätigkeitsfelder von Volljuristen im Jahre 2011:

Beamte	45.300
– Richter, Staatsanwälte	– 28.000
– Professoren	– 1.300
– Sonstiger Öffentlicher Dienst	– 16.000
Freiberufler/Selbständige	96.000
– Rechtsanwälte	– 91.300
– Notare	– 1.500
– Patentanwälte	– 3.200
– Sonstige Dienstleister nach RDG[33]	– n. b.
Angestellte[34]	76.000
– öffentlicher Dienst	– 15.000
– Privatwirtschaft	– 61.000
– davon angest. Anwälte in Kanzleien	– 37.000
– davon in Unternehmen	– 24.000
Als Juristen erwerbstätig gesamt, davon	217.300
– arbeitslos (Jahresdurchschnitt)	– 5.700[35]
– arbeitssuchend	– 8.700
Volljuristen, die als Nichtjuristen tätig sind (selbständig/angestellt)	73.700

2.4 Substitution von Volljuristen durch Bachelor- und Master-Juristen

Das Arbeitsmarktpotenzial von Bachelor- und Master-Juristen hängt entscheidend davon ab, ob und in welchem Maße sie Arbeitsplätze ‚erobern' können, die andernfalls von anders Qualifizierten besetzt werden, da eine Schaffung neuer Arbeitsplätze aufgrund der spezifischen Qualifikation allenfalls in geringem Maße relevant sein dürfte. Wie oben ausgeführt soll zunächst die Substitution von Volljuristen durch Bachelor- und Master-Juristen geprüft werden.

---

33 Im Rechtsdienstleistungsregister (www.rechtsdienstleistungsregister.de) werden Rechtsdienstleistungen in den Bereichen Inkassodienstleistungen, Rentenberatung, Rechtsdienstleistungen in einem ausländischen Recht sowie registrierte Erlaubnisinhaber bekanntgemacht, die nur durch Personen erbracht werden dürfen, die ihre Sachkunde bei dem zuständigen Gericht nachgewiesen haben. Eine statistische Auswertung auf Bundesebene hierzu gibt es jedoch nicht.

34 D. h. sozialversicherungspflichtig beschäftigt.

35 Quelle: Bundesagentur für Arbeit, Arbeitsmarkt in Zahlen. Arbeitsmarktstatistik. Arbeitsmarkt nach Berufen, Nürnberg August 2012. Diese sind im Mikrozensus bereits mit erfasst und werden den nur informationshalber separat ausgewiesen.

2.4.1 Substituierbarkeit

Bei der Analyse der Ersetzung von Volljuristen durch Bachelor- und Master-Juristen müssen drei Aspekte berücksichtigt werden, die prägend für die Substituierbarkeit sind:

(1) Legislation
Deutsches Richtergesetz und Rechtsdienstleistungsgesetz monopolisieren bestimmte Tätigkeiten zugunsten universitär ausgebildeter Volljuristen. Für Richter und Staatsanwälte wird dies auch kaum kritisiert, wohl aber für Rechtsberater, da diese einer Anwaltszulassung bedürfen. Angesichts der angespannten Lage im Anwaltsmarkt wird es diesbezüglich allerdings in absehbarer Zukunft wohl keine wesentliche Öffnung zugunsten von Bachelor- und Master-Juristen geben.[36] Potenzial besteht hier vor allem in Randbereichen des RDG (z. B. Mediation, Insolvenzberatung, Compliance-Beratung).

Allerdings ist zu beachten, dass zahlreiche angestellte Rechtsanwälte Tätigkeiten ausüben, für die sie eigentlich keine Anwaltszulassung und auch kein volljuristisches Studium benötigen. Hier können auch Bachelor- und insbesondere Master-Juristen zum Einsatz kommen. Ob dies der Fall sein wird, hängt wesentlich von zwei weiteren Faktoren ab:

(2) Qualifikation
Eine Ersetzung ist nur dann realistisch, wenn die Qualifikation der ‚Neuen' mindestens gleichwertig mit derjenigen der ‚Platzhirsche' ist. Hier gehen die Meinungen erwartungsgemäß auseinander. Für Volljuristen und ihre Interessenvertreter[37] sind Bachelor- und Master-Juristen minderqualifiziert, für Letztere (insbesondere Wirtschaftsjuristen) sind Erstere fehlqualifiziert und Bachelor- und Master-Juristen zumindest im Wirtschaftsleben wesentlich geeigneter.[38]

Diese Frage lässt sich nicht in abstracto und allgemeingültig beantworten, aber folgende zwei Feststellungen erlauben zumindest annäherungsweise eine realistische Einschätzung:
– Die Qualifikation ist immer zu messen an dem, was tatsächlich im Beruf gefordert bzw. gebraucht wird. Das wird mal die eine, mal die andere Qua-

---

36 Selbst bei einer rechtlichen Öffnung wären angesichts der Marktsättigung die Penetrationschancen für Wirtschaftsjuristen (selbst bei ggf. geeigneterer fachlicher Qualifikation) als schwierig einzuschätzen.
37 S. z. B. die Justizministerkonferenz, Ausschuss zur Koordinierung der Juristenausbildung, Berufsfelder, die für eine Ausbildung nach der Bachelor-Master-Struktur relevant sein könnten (2008), S. 21: Unternehmen würden selbst schwächer qualifizierte Volljuristen den Bachelor-Juristen vorziehen.
38 S. beispielhaft die unterschiedlichen Standpunkte von *R. Mußgnug* und *W. Hromadka* zu (wirtschafts)juristischen FH-Studiengängen in Forschung&Lehre 3/2000, S. 142–143.

lifikation sein, und es dürfte für beide Typen von Juristen Platz im Markt sein. Das gilt insbesondere für die zahlreichen Fälle, in denen Volljuristen keine ihrer Qualifikation entsprechende Tätigkeit ausüben, oder in denen sie in einem engen Spezialisierungsgebiet tätig sind oder in einem Rechtsgebiet, in dem vertiefte ökonomische Kenntnisse erforderlich sind (z. B. Kartellrecht, Kapitalmarktrecht, Rechnungslegung, Steuerrecht).
– Zumindest für den Master-Bereich muss man mindestens von einer gleichwertigen Qualifikation mit Volljuristen ausgehen, denn für die meisten später in der Privatwirtschaft ausgeübten Tätigkeiten ist der Mehrwert des Vorbereitungsdienstes gering und kann von Bachelor- und Master-Absolventen im Berufsleben ggf. schnell ‚on the job' aufgeholt werden. LL.M.-Studiengänge eröffnen im Übrigen auch den Zugang zum höheren Dienst in der öffentlichen Verwaltung.[39]

(3) Reputation
Bislang und wohl auch noch in Zukunft spielt schließlich das subjektive Element der Reputation eine nicht zu unterschätzende Rolle:
– Die tatsächlichen Qualifikationen der Bachelor- und Master-Juristen sind bislang wenig bekannt, und im Zweifel werden Arbeitgeber eher auf eine bekannte Größe zurückgreifen. Das gilt umso mehr als über die Einstellung zumindest im eigentlich juristischen Bereich i. d. R. Volljuristen entscheiden, die naturgemäß das eher schätzen, was sie kennen und selbst studiert haben.
– Bachelor-Absolventen wird i. d. R. allgemein wenig zugetraut, insbesondere wenn sie ein sechssemestriges Studium absolviert haben, zu dem ggf. auch noch eine Praxisphase zählt. Bei interdisziplinär ausgebildeten Wirtschaftsjuristen wird außerdem von juristischer Seite noch der Anteil nichtjuristischer Studienanteile in Abzug gebracht, obschon diese für viele tatsächlich ausgeübte Tätigkeiten mindestens so wichtig sind wie die juristische Qualifikation.
– Schließlich kommen Bachelor- und Master-Juristen bislang vor allem von Fachhochschulen, denen in bestimmten Kreisen immer noch der Ruf anhaftet, dass deren Absolventen weniger gut qualifiziert seien als Universitätsabsolventen.

Tendenziell wird dieses Reputationshindernis aber abnehmen mit der Gesamtzahl der Absolventen, die im Markt ihre Fähigkeiten unter Beweis gestellt haben.[40]

---

[39] KMK-Beschlüsse vom 14.4.2022, 24.5. 2002 und der IMK-Beschluss vom 6.6.2002. Der zunächst für die Zuordnung von Master-Abschlüssen der Fachhochschulen zum höheren Dienst erforderlichen gesonderten Feststellung in der Akkreditierung bedarf es nach einer Vereinbarung von KMK und IMK vom 20.9./7.12.2007 nicht mehr.

[40] Vgl. *K. Briedis, C. Heine, C. Konegen-Grenier, A.-K. Schröder*, Mit dem Bachelor in den Beruf. Arbeitsmarktbefähigung und -akzeptanz von Bachelorstudierenden und -absolventen, Stifter-

2.4.2 Quantifizierung

Aus der Gesamtheit dieser Daten eine Prognose der zukünftigen Entwicklung abzugeben ist mit zahlreichen Unwägbarkeiten behaftet. Wenn man sich jedoch darauf beschränkt, eine realistische Größenordnung nachvollziehbar zu ermitteln, können die folgenden Einschätzungen als Diskussionsgrundlage dienen:

	Volljuristen 2011	Potenzial für Bachelor- und Master-Juristen
Beamte	45.300	8.100
– Richter, Staatsanwälte	– 28.000	– –
– Professoren	– 1.300	– 100
– Sonstiger Öffentlicher Dienst	– 16.000	– 8.000
Freiberufler/Selbständige	96.000	5.000
– Rechtsanwälte	– 91.300	– –
– Notare	– 1.500	– –
– Patentanwälte	– 3.200	–
– Sonstige Dienstleister nach RDG	– n. b.	– 5.000
Angestellte	76.000	57.500
– öffentlicher Dienst	– 15.000	– 7.500
– Privatwirtschaft	– 61.000	– 50.000
– davon angest. Anwälte in Kanzleien	– 37.000	
– davon in Unternehmen	– 24.000	
Juristen, die als Nichtjuristen tätig sind (selbständig/angestellt)	73.700	50.000
Gesamt	291.000	ca. 120.000

Der überwiegende Teil des Substitutionspotenzials wird dabei (naheliegenderweise) in der Privatwirtschaft gesehen, weil es dort mehr Tätigkeiten gibt, die nicht spezifisch juristisch sind, und weil wohl auch die Beharrungskräfte dort weniger ausgeprägt sein dürften als in der öffentlichen Verwaltung, in der zudem insbesondere Bachelor-Absolventen konkurrieren mit Absolventen der Fachhochschulen für die öffentliche Verwaltung.

Eine besondere Bedeutung kommt nicht nur quantitativ, sondern auch inhaltlich der Gruppe der nicht als Juristen tätigen Volljuristen zu:
– Dort wo es auf studienunabhängige Fähigkeiten ankommt, ist eine Substitution unrealistisch (z. B. Schauspieler, Romanautor).

---

verband für die Deutsche Wissenschaft, Essen 2011, S. 4 (www.stifterverband.de): Die Einschätzungen der Qualität der Bachelorausbildung fallen dort deutlich negativer aus, wo noch keine Erfahrung mit den neuen Abschlüssen gemacht wurden. Dies gilt für Studierende, Absolventen und Unternehmen gleichermaßen.

- Dort wo studienbedingte Fähigkeiten zumindest hilfreich sind, dürfte eine Ersetzung meist möglich sein, wenn dies eine Tätigkeit in der Privatwirtschaft betrifft und dies nicht durch Persönlichkeitsmerkmale überlagert wird (z. B. Geschäftsführer, Vorstandsmitglied).

2.5 Substitution anderer Qualifikationen durch Bachelor- und Master-Juristen

2.5.1 Allgemeines

Zu prüfen ist auch die Substitution nicht juristisch qualifizierter Hochschulabsolventen, zumindest durch interdisziplinär ausgebildete Bachelor- und Master-(Wirtschafts-)Juristen.

Gemeint sind hier insbesondere Betriebswirte, aber z. T. auch Wirtschaftsingenieure oder Psychologen und Sozialwissenschaftler.[41]

Selbst wenn man sich auf den Bereich der Betriebswirte beschränkt, ist eine ernsthafte Quantifizierung kaum möglich, da insbesondere Wirtschaftsjuristen in fast allen betriebswirtschaftlichen Bereichen anzutreffen sind und demnach alle diese Stellen potenziell in Frage kommen. Realistisch festhalten kann man jedoch, dass die Anzahl dieser Stellen ein Vielfaches der juristisch geprägten beträgt.

2.5.2 Beispiele

Auch hier gibt es natürlich insbesondere Eignungsunterschiede, die dazu führen, dass entsprechende Stellen mehr oder weniger sinnvoll durch Bachelor- oder Master-Juristen besetzt werden können.

Beispielhaft angeführt werden kann hier der Bereich der Steuerberatung, der zwar eine Kombination von juristischer und betriebswirtschaftlicher Kompetenz erfordert, in dem aber z. Zt. fast ausschließlich Betriebswirte tätig sind.

Ende 2011[42] gab es bundesweit 78.654 Steuerberater (hiervon ca. 50.000 mit Hochschulabschluss), darunter aber nur ca. 3.300[43] Steuerberater, die zugleich auch eine Rechtsanwaltszulassung besaßen. Wie viele Juristen darüber hinaus in diesem Sektor tätig waren, ist nicht bekannt[44], aber mehr als noch einmal 3.000 dürften es nicht sein. Da jeder Berufsträger im Schnitt 2–3 qualifizierte Mitarbeiter beschäftigt[45], existiert demnach alleine in die-

---

41 Für den Betriebswirtschaftsbereich ist im Übrigen zu berücksichtigen, dass es bei betriebswirtschaftlichen Studiengängen bereits solche gibt, die einen starken rechtlichen Fokus besitzen (auch unabhängig vom Steuerrecht), was zu einer verschärften Wettbewerbssituation führen dürfte.
42 Auskunft der Bundessteuerberaterkammer.
43 Nach der Statistik der Bundesrechtsanwaltskammer waren Ende 2011 nur 2.139 Anwälte zugleich auch Steuerberater.
44 Es gab allerdings am 1.1.2012 4.728 Fachanwälte für Steuerrecht.
45 *T. Mansann*, Der Steuerberater: eine Vermessung, Steuerberater-Magazin Mai 2010, S. 18 ff.

sem Segment ein zusätzliches Arbeitsmarktpotenzial von ca. 100.000 Stellen.

Diese Zahl ist beeindruckend, aber das Beispiel zeigt auch, dass eine realistische Einschätzung einen erweiterten Blick auf dieses Marktsegment erfordert. Zwar sind insbesondere interdisziplinär ausgebildete Wirtschaftsjuristen für diesen Bereich grundsätzlich gut geeignet. Aber diese konkurrieren mit z. T. hervorragend qualifizierten Betriebswirten, außerdem ggf. mit Absolventen von Finanzfachhochschulen. Zudem gibt es eine erhebliche Marktzutrittsbarriere durch das Steuerberaterexamen, das auch aktiv genutzt wird, um eine ähnliche Situation wie im Anwaltsbereich zu vermeiden. Aber selbst unter diesen einschränkenden Bedingungen sind nach bisherigen Erfahrungen die Marktchancen insbesondere für Wirtschaftsjuristen sehr gut.

Ähnliche Überlegungen kann man z. B. für den Bereich Personal, Arbeit und Soziales anstellen, aber auch für zahlreiche andere und weniger klassische wie z. B. Compliance, Contract Management oder Regulierungsrecht, in denen in den letzten Jahren zahlreiche neue Jobs entstanden sind, die auch von Betriebs- und Volkswirten (z. T. mit Zusatzqualifikation) besetzt werden. Eine Quantifizierung ist hier kaum möglich, aber das Marktpotenzial so groß, dass sich Bachelor- und Master-Juristen hier gute Perspektiven bieten.

2.6 Realisierung

2.6.1 Allgemeines

Ob und in welchem Maße sich das hiervor aufgezeigte Potenzial realisieren lässt, hängt von zahlreichen Faktoren ab. Beschränkt man sich auf die quantitativen Aspekte (zu den qualitativen s. das Gesamtfazit in Abschnitt 4), stellt sich die Frage, in welchem Zeitraum eine Substitution möglich ist und welchen Einfluss die allgemeine Entwicklung des juristischen Arbeitsmarktes hierauf ausübt.

Die hiervor ermittelten Zahlen beziehen sich auf den Gesamtmarkt. Der Eintritt von Bachelor- und Master-Juristen in den Arbeitsmarkt wird sich jedoch nur schrittweise vollziehen,
– zum einen abhängig von der Anzahl Absolventen in allen relevanten Studiengängen,
– zum anderen abhängig von der Anzahl altersbedingt frei werdender Stellen, wobei
– schließlich Angebot und Nachfrage zeitlich einigermaßen kongruent sein müssen.

Die vorstehende Analyse geht davon aus, dass i. W. bestehende Arbeitsplätze ersetzt werden, aber auch, dass bestehende Studienplätze verschoben werden, insbesondere von der Volljuristenausbildung zu Bachelor- und Master-Studiengängen.

Sollten in relevantem Maße Jobs neu geschaffen werden, würde ein Wechsel erleichtert werden, umgekehrt würde ein Zulauf von neuen Studierenden (und Absolventen) den Übergang erschweren.

Geht man nur von den oben ermittelten Zahlen für eine mögliche Substitution von Volljuristen und Betriebswirten mit steuerrechtlichem Schwerpunkt aus (d. h. insgesamt ca. 220.000 Stellen) und einer gleichmäßigen Substitution über 36 Berufsjahre, dann würde das ca. 6.000 Berufseinsteiger p. a. ergeben.

2.6.2 Absolventen

Die Anzahl der Bachelor-Fachhochschulabsolventen wirtschaftsjuristischer Studiengänge dürfte sich bei ca. 1.000 – 1.500 p. a. einpendeln und auch kaum signifikant steigen angesichts der Tatsache, dass die Studiengänge i. d. R. mit einem Orts-NC versehen sind.

Die Wechselquote in den Master dürfte mittelfristig bei 30 – 50 % liegen, so dass mit 400–500 Master-Absolventen p. a. zu rechnen ist (die aber die Zahlen der Bachelor entsprechend reduzieren).[46]

Für Universitäten ist die Einschätzung wesentlich schwieriger, da die verfügbaren Zahlen noch wenig aussagefähig sind.[47] Nach den derzeitigen Prognosen[48] werden sich die Studienanfängerzahlen bis 2020 ungefähr auf derzeitigem Niveau halten, d. h., es wird voraussichtlich ca. 8.000 – 9.000 Jura-Absolventen p. a. geben, sofern sich keine nennenswerte Verschiebung zugunsten der Bachelor- und Master-Studiengänge ergibt. Letzteres hängt nicht nur vom Wahlverhalten der Studierenden ab, sondern auch von der Entwicklung des Angebots der Universitäten, das jedoch kaum prognostizierbar ist.

---

46 Nach den derzeitigen Statistiken (Statistisches Bundesamt, Bildung und Kultur. Prüfungen an Hochschulen 2010, Fachserie 11, Reihe 4.2, Wiesbaden 2011, Tab. 5 S. 21) gab es an Fachhochschulen 2010 nur 722 Bachelor- und 161 Master-Absolventen juristischer Studiengänge. Dies erscheint jedoch zu gering. Daneben werden noch 974 Diplom-Absolventen juristischer Fachhochschul-Studiengänge ausgewiesen. Da wirtschaftsjuristische Diplomstudiengänge an Fachhochschulen nur noch als Auslaufmodelle existieren, handelt es sich hierbei vermutlich zumindest z. T. um Rechtspfleger.

47 Für 2010 werden 13 Zwei-Fach-Bachelor, 597 Bachelor und 614 Master verzeichnet (Quelle: s. vorige Fn). Insbesondere für die Master ist aber nicht klar, ob es sich um Bologna-Master oder Spezialisierungs- oder Weiterbildungs-Master handelt, die typischerweise von Volljuristen belegt werden.

48 KMK, Vorausberechnung der Studienanfängerzahlen 2012–2025 – Erläuterung der Datenbasis und des Berechnungsverfahrens, Dokumentation Nr. 197 – Juli 2012, S. 9 (http://www.kmk.org/statistik/hochschule/statistische-veroeffentlichungen/vorausberechnung-der-studienanfaengerzahlen-2012-bis-2025.html) [25.9.2012].

Geht man von einem jährlichen Gesamtpotenzial von ca. 6.000 Absolventen aus (s. o.), von denen ca. 1.500 auf Fachhochschulen entfallen, dann würden dies ein Potenzial von ca. 4.500 Absolventen p. a. für Studiengänge an Universitäten ergeben, d. h., ungefähr die Hälfte der derzeitigen Absolventen könnten unter ansonsten gleichbleibenden (insbesondere gesetzlichen) Bedingungen ihren Abschluss in Bachelor- und Master-Studiengängen machen und frei werdende Volljuristenstellen einnehmen.

2.6.3 Frei werdende Stellen

In den nächsten ca. 10 Jahren werden ca. 5.000 Volljuristen p. a. altersbedingt den Arbeitsmarkt verlassen, in den darauffolgenden Jahren wird sich dies auf ca. 9.000 p. a. erhöhen.[49] Angesichts der zu erwartenden Entwicklung der Absolventenzahlen (s. hiervor) bedeutet dies, dass sich das juristische Arbeitskräfteangebot ceteris paribus bis 2020 auf 310.000 – 320.000 erhöhen, dann stabilisieren und erst in ca. 20 Jahren beginnen wird, deutlich abzunehmen.[50]

Eine Verschiebung von Volljuristen zu Bachelor- und Master-Juristen wird an dieser Entwicklung nichts ändern. Sie könnte aber bedeuten, dass dieses Angebotswachstum besser aufgefangen werden kann, weil diese Absolventen im Markt flexibler und vielseitiger einsetzbar sind als Volljuristen. Anderseits könnte eine kurzfristige drastische Zunahme von Bachelor- und Master-Juristen vorübergehend für Engpässe sorgen (die es bislang offenbar kaum gibt), so dass es für die Betroffenen selbst vorteilhafter wäre, wenn der Zustrom zu Bachelor- und Master-Studiengängen in geordneten Bahnen verliefe.

Bzgl. der Frage, in welchen Segmenten Bachelor- und Master-Juristen am ehesten penetrieren können, zeigt ein grober Abgleich der Entwicklung der letzten zehn Jahre, dass die Zahl der Beamten i. W. konstant geblieben ist, während die Zahl der Selbständigen und Angestellten um knapp 25.000 bzw. 30.000 gestiegen ist.[51] Da nach allgemein vertretener Auffassung der

---

49 Dies ergibt sich sowohl aus den Absolventendaten als auch aus den Mikrozensus-Daten (Altersstruktur).

50 Wenn man von der Alterspyramide ausgeht und annimmt, dass diese einigermaßen repräsentativ für alle Berufsfelder ist, kann man schlussfolgern, dass die Bevölkerung im Erwerbsalter (und damit auch die berufstätigen Juristen) erst nach 2020 deutlich zurückgehen und 2030 ca. 15 % weniger betragen wird als 2010. Quelle: Bevölkerung Deutschlands bis 2060. 12. koordinierte Bevölkerungsvorausberechnung, Begleitmaterial zur Pressekonferenz am 18. November 2009 in Berlin, Statistisches Bundesamt, Wiesbaden 2009, S. 17–18 (www.destatis.de).

51 Nach *S. Freiburg*, Erst studieren, dann Taxifahren?, Jus 2000, S. 515 (515 – 516) begannen zur Jahrtausendwende ca. 10 % ihre Karriere beim Staat (4 % Justiz, 6 % Verwaltung), 70 % in der Anwaltschaft, und 15 % in der Wirtschaft (Rest: Sonstige Tätigkeiten), allerdings ohne weitere Quellenangabe. Dies würde in der Tendenz auch Zahlen aus 1995 bestätigen: 76.000 (48 %) Anwälte und Notare, 35.000 (22 %) als Verwaltungsjuristen, 28.000 (17,5 %) als Richter und Staatsanwälte, 20.000 (12,5 %) als Wirtschaftsjuristen: *S. Lullies, J. Schüller, G. Zigriadis*, Zum

Rechtsanwaltsmarkt (zumindest für selbständig Tätige) ausgereizt ist, dürfte hier das Wachstum eher abnehmen und der überwiegende Teil der zusätzlichen Absolventen (s. o.) versuchen, als Angestellte berufstätig zu werden. Am ehesten dürfte die zu erwartende weitere Zunahme über nicht typisch juristische Stellen abgefangen werden, und hierauf dürften insbesondere interdisziplinär ausgebildete Juristen am besten vorbereitet sein.

3. Verdienstmöglichkeiten

3.1 Einleitung

Um die Arbeitsmarktperspektiven von Bachelor- und Master-Juristen richtig einzuschätzen, ist die Frage zu klären, wie viel diese verdienen können. Denn je attraktiver diese Verdienstmöglichkeiten sind, desto eher werden sich Studienanfänger für einen Bachelor- oder Master-Studiengang entscheiden, weil sich gemäß der ökonomischen Theorie Angebot und Nachfrage auf einem Markt ganz entscheidend nach dem Preis bestimmen.

In der Praxis ist der Arbeitsmarkt für Juristen aber keineswegs effizient:
– Obschon es so viele Anwälte gibt, dass man schon vom Prekariat oder Proletariat der Anwälte spricht, und obschon es vermutlich in der Wirtschaft wesentlich bessere Verdienstmöglichkeiten gibt, strömen jedes Jahr weitere Absolventen in dieses Marktsegment.
– Dies könnte damit zusammenhängen, dass der Gesamtmarkt intransparent ist, d. h. die Studienanfänger nicht wissen, welche Möglichkeiten der Arbeitsmarkt bietet und welche Ausbildung am besten darauf vorbereitet.
– Diese Intransparenz ist nicht nur auf fehlende Information zurückzuführen, sondern auch auf ein noch unzureichendes Ausbildungsangebot und eine Voreingenommenheit gegen Bachelor- und Master-Studiengänge, die dazu führen, dass ggf. entgegen aller ökonomischer Vernunft die Studierenden ein volljuristisches Studium absolvieren.

Bei der Analyse der Verdienstmöglichkeiten sind abhängige Beschäftigung und selbständige Tätigkeit zu unterscheiden. Letztere soll hiernach aber nicht weiter behandelt werden, weil nur wenige Bachelor- und Master-Juristen eine selbständige Tätigkeit ausüben (werden), und falls doch, ist diese so unterschiedlich, dass sich hierfür keine einigermaßen aussagefähigen Daten ableiten lassen.[52]

Bedarf der Wirtschaft an Absolventen eines Diplomstudiengangs Rechtswissenschaft mit wirtschaftswissenschaftlicher Ausrichtung. Empirische Erhebung bei ausgewählten Unternehmen in Bayern, München 1996, S. 5 auf der Grundlage von Zahlen des Bayerischen Staatsministeriums der Justiz. In diesem Zeitraum wurde im Übrigen die Zahl von Wirtschaftsjuristen auf 35.000 – 45.000 geschätzt: *R. Gerlach*, Wirtschaftsjurist/Wirtschaftsjuristin, 6. Aufl., Bielefeld 1995 (Bundesanstalt für Arbeit, Blätter zur Berufskunde 3- IX B 03), S. 120.

52 Zu den Verdienstmöglichkeiten junger selbständiger Anwälte s. z. B. *K. Eggert, O. Kääb*, Berufseinstieg und Berufserfolg junger Rechtsanwältinnen und Rechtsanwälte – Juristische

Es wird also darum gehen, welche Gehaltsperspektiven Bachelor- und Master-Juristen haben, aber natürlich auch immer um die relative Positionierung zu anderen Absolventengruppen, insbesondere Volljuristen und Betriebswirten.

Nun ist es so, dass es am Arbeitsmarkt nicht einen Preis gibt, sondern viele. Das liegt insbesondere an folgenden Umständen:

– Es gibt am Markt erhebliche Branchenunterschiede in der Bezahlung, und es ist davon auszugehen, dass sich dies auch auf die Bezahlung der Juristen auswirkt.[53]

– Auch die Größe des Unternehmens wirkt sich auf das Gehaltsniveau aus, wobei als Regel gilt, dass größere Unternehmen und Kanzleien besser zahlen als kleinere (s. u.).

– Frauen werden ceteris paribus schlechter bezahlt als Männer, und das gilt auch für Juristinnen mit Hochschulabschluss[54].

– Das Einkommen hängt wesentlich von individuellen Merkmalen, den zu erfüllenden Anforderungen, der vorangehenden Berufsausbildung und Berufserfahrung sowie von der wahrgenommenen Verantwortung ab.

Um die vielen Daten auf einen aussagefähigen Nenner zu bringen, muss man diese Differenzierungen gedanklich ausblenden, um mit Hilfe statistischer Methoden zumindest nachvollziehbare Tendenzaussagen zu treffen.[55]

Ausbildung und Kanzleigründung. Studie im Auftrag der Selbsthilfe der Rechtsanwälte, BRAK-Mitt. 1/2011, S. 53 ff.: Demzufolge betrug 2010 der Verdienst im 1. Jahr als Freier Mitarbeiter 1.900 €/Mt (Median 1.700 €), als Angestellter 3.800 € (Median 3.100 €), und als Syndikus 3.900 €/Mt (Median 3.800 €). Nach einer anderen Erhebung lag das Einstiegsgehalt (Median) 2011 je nach Kanzleigröße zwischen 32.500 und 51.500 €: *Personalberatung PMSG PersonalMarkt Services GmbH*, Tabelle Gehälter der Einsteiger bei Kanzleien nach Kanzleigröße, Unternehmensjuristen nach Branche, Absolventen nach Position (www.gehalt.de/statistik/Juristen-nach-Kanzleigroesse-Unternehmensjuristen-nach-Branche-2011, [24.9.2012]. Bei den Top-20-Kanzleien steigt das Anfangsgehalt auf 85.000 – 110.000 € zzgl. Bonus, allerdings sind dort Prädikatsexamen sowie Dr.-Titel oder ausländischer LL.M. Voraussetzung; s. Fn. 6.

53 Besonders gut bezahlt wird z. B. in den Sektoren Unternehmensberatung, Rechts- und Steuerberatung sowie Banken, Versicherungen und Finanzberatung, in der bislang relativ viele Bachelor- und Master-Juristen tätig sind: *Kienbaum Management Consultants*, Absolventengehälter in Deutschland 2011, Gummersbach 2012, www.kienbaum-verguetungsportal.de.

54 *R. Bispinck, H. Dribbusch, F. Öz*, Geschlechtsspezifische Lohndifferenzen nach dem Berufsstart und in der ersten Berufsphase. Eine Analyse von Einkommensdaten auf Basis der WSI-Lohn-Spiegel-Datenbank in Deutschland und im europäischen Vergleich, Hans-Böckler-Stiftung, Projekt Lohnspiegel, Düsseldorf, 2008, S. 32, 42–43: Die Einkommensunterschiede bei JuristInnen zu Beginn der Berufskarriere betragen 15 % zu Lasten der Frauen. Im weiteren Verlauf der Karriere steigen diese Unterschiede offensichtlich noch; s. Daten der *Personalberatung PMSG PersonalMarkt Services GmbH*, Tabelle 'Gehälter der Juristen in den Anwaltskanzleien und der Industrie jeweils ab 500 Mitarbeiter und nach Geschlecht in diesen beiden Branchen', http://www.gehalt.de/statistik/Juristen-nach-Branche-und-Geschlecht, Stand 5/2009 [17.9.2012].

55 Sind die Daten nach Gauß normal verteilt, steht *Q1* für das ‚untere Quartil' und bedeutet, dass 25 % der untersuchten Daten unter diesem Wert liegen. Im Falle von Gehältern verdient also

Da es eine solche breite Datenbasis speziell für Bachelor- und Master-Juristen noch nicht gibt, muss man sich auch hier der Frage indirekt nähern, zum einen über die Gehälter von Bachelor- und Master-Absolventen allgemein (s. Abschnitt 3.2), zum anderen über die Gehälter von Volljuristen (s. Abschnitt 3.3).

Zugrunde gelegt werden dabei Einstiegsgehälter, da nur diese einigermaßen standardisiert verglichen werden können.

3.2 Einstiegsgehälter von Bachelor- und Master-Absolventen allgemein

3.2.1 Tarifvertragliche Einordnung

Die Einordnung in das Tarifsystem des öffentlichen Dienstes stellt eine wichtige Orientierung für die Einstiegsgehälter im Markt dar, zumindest wenn keine Besonderheiten vorliegen. Hier muss man zwei Systeme unterscheiden, die jedoch im Ergebnis nicht weit auseinanderliegen:

(1) TVöD
Der Tarifvertrag für den öffentlichen Dienst des Bundes und der Kommunen (der z. B. auch von den Sparkassen angewendet wird) trifft folgende grundlegende Unterscheidung:
– Entgeltgruppen 9 – 12 Fachhochschulstudium bzw. Bachelor (vergleichbar gehobener Dienst) 2.369 – 2.885 €/Mt.
– Entgeltgruppen 13–15 wissenschaftliches Hochschulstudium bzw. Master (vergleichbar höherer Dienst) 3.218 – 3.854 €/Mt.

Das Gehalt steigt nach einem Jahr um 300–400 €, danach in länger werden Intervallen.

Unter Berücksichtigung einer Jahressonderzahlung in den EG 9–12 von 80 % W/60 % O, EG 13–15: 60 %W / 45 % O kommt man für einen Bachelor-Absolventen auf ca. 30.000 – 37.000 € p. a., für einen Master-Absolventen auf ca. 40.000 – 48.000 p. a., wobei standardmäßig wohl eher jeweils die untere Grenze relevant sein dürfte, wenn keine besonderen weiteren Qualifikationen vorliegen.

(2) TV-L
Das Tarifsystem der Länder ist analog. Allerdings sind die Beträge etwas niedriger und für die Jahressonderzahlung gilt für die EG 9–11 80 %, EG

---

ein Viertel aller untersuchten Personen weniger als dieser Wert. Entsprechend gibt *Q3* den Wert an, bei dem 75 % der Daten unter diesem Wert liegen. Der *Median* ist der Wert, der eine Menge von untersuchten Daten genau in 2 Hälften teilt; er liegt also genau in der Mitte. Im Falle von Gehältern verdient also eine Hälfte aller untersuchten Personen mehr, die andere Hälfte weniger als dieser Wert. Der *Mittelwert* gibt den Durchschnitt mehrerer Werte an.

12–13: 50 %, EG 14–15: 35 %. Auf Jahresbasis liegen die Gehälter also etwas niedriger als nach TVöD.

3.2.2 Markteinstiegsgehälter

Als weitere Orientierungsmarke kann man die Einstiegsgehälter zu Rate ziehen, die Bachelor- und Master-Absolventen anderer Studiengänge bzw. allgemein erzielen, denn diese deuten einen Trend an, der sich auch auf die Gehälter der Juristen auswirkt.

Als Datenquelle kann man hier Erhebungen von Consulting-Unternehmen zu Rate ziehen:

Akademischer Abschluss	Mittlere Range	Durchschnitt 2011
Bachelor (FH)	38.000 – 44.000	41.000
Master (FH)	40.000 – 46.000	43.300
Bachelor (Universität)	40.000 – 45.000	44.000
Master (Universität)	43.000 – 48.000	46.500
Promotion	49.000 – 57.000	52.200

Quelle: Umfrage durch Kienbaum Management Consultants 2012[56]

Die vorstehende logisch erscheinende Gehaltsstruktur, derzufolge insbesondere Universitäts-Absolventen i. d. R. besser bezahlt werden als Fachhochschul-Absolventen, wird nicht überall so gesehen. Nach einer Untersuchung des Stifterverbands für die Deutsche Wissenschaft erzielen Fachhochschul-Absolventen mit Ausnahme der Wirtschaftswissenschaften generell ein höheres Einkommen als ihre Kollegen von den Universitäten (zu juristischen Abschlüssen wird keine Aussage gemacht).[57]

Nach derselben Studie[58] erhalten Bachelor-Absolventen übrigens bei zwei Dritteln der Unternehmen das gleiche Einstiegsgehalt wie die Absolventen der alten Diplom-Abschlüsse. Nach drei bis fünf Jahren im Unternehmen erhalten sie in 87 % der Unternehmen das gleiche Gehalt wie Diplom-Absolventen. In vielen Unternehmen erfolgt die gehaltliche Einstufung nicht nach Art des akademischen Abschlusses, sondern nach den Anforderungen der zu besetzenden Position und damit nach dem gesamten Qualifikationsprofil des Bewerbers.

Ein noch etwas anderes Bild ergibt sich aus der WSI-Lohnspiegeldatenbank der Hans-Böckler-Stiftung[59], die sich allerdings nicht speziell auf

---

56 *Kienbaum Management Consultants*, Absolventengehälter in Deutschland 2011, Gummersbach 2012, www.kienbaum-verguetungsportal.de.
57 *K. Briedis, C. Heine, C. Konegen-Grenier, A.-K. Schröder*, Mit dem Bachelor in den Beruf. Arbeitsmarktbefähigung und -akzeptanz von Bachelorstudierenden und -absolventen, Stifterverband für die Deutsche Wissenschaft, Essen 2011, S. 19, 78 ff.
58 S. vorige Fn., S. 19, 103 ff.
59 http://www.lohnspiegel.de/main/zusatzinformationen/akademiker-innen [15.9.2012].

Berufseinsteiger bezieht (und daher in der absoluten Höhe über den vorgenannten Zahlen liegt):

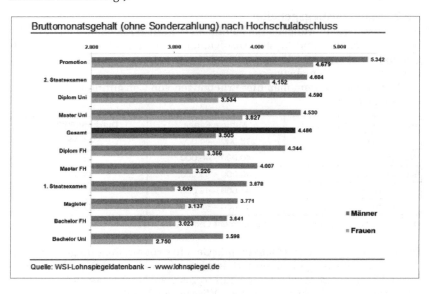

3.3 Juristen-Einstiegsgehälter

3.3.1 Allgemein

Daten über die Einstiegsgehälter von Volljuristen werden nur von Beratungsunternehmen, und zwar vor allem über Gehälter in Anwaltskanzleien, erfasst. Hieraus ergibt sich folgendes Bild für 2010:

Position	Q1	Mittelwert	Q3
Rechtsanwalt	34.841	43.243	53.488
Syndikus, Justitiar	39.926	44.220	49.620
Personalreferent	37.323	42.162	48.380
Führungsnachwuchs/Assistent Geschäftsleitung	32.999	39.091	47.439
Position	Q1	Mittelwert	Q3
Unternehmensberatung	41.326	48.576	59.968

Quelle: Staufenbiel 2011[60]

---

60 http://www.staufenbiel.de/ratgeber-service/gehalt/gehaltstabellen/gehalt-rechtswissenschaften.html, Stand 3/2011 [15.9.2012]. Gemäß Kienbaum Management Consultants, Absolventengehälter in Deutschland 2011, Gummersbach 2012, www.kienbaum-verguetungsportal.de, lag

In Unternehmen mit größeren Rechtsabteilungen lag das Gehalt 2011 je nach Note und Zusatzqualifikation bei 85.000 – 90.000, bei Mittelständlern zwischen 48.000 und 60.000 €.[61]

3.3.2 Bachelor- und Master-Juristen

Aus dem Gesamtbild der vorstehenden Daten und aus (allerdings nicht repräsentativ erhobenen) Primärinformationen ergibt sich, dass Bachelor- und Master-Juristen insgesamt ‚marktgerecht' bezahlt werden, was aber gleichzeitig bedeutet, dass es aufgrund verschiedenster Umstände erhebliche individuelle Unterschiede geben kann (s. auch Einleitung).

I. d. R. verdienen Absolventen eines Master-Abschlusses wesentlich mehr, je nach Studiengang 5.000 – 15.000 € p. a.[62] Allerdings beziehen sich diese Daten nicht auf juristische Abschlüsse. Hier scheint nach vorliegenden Erkenntnissen der Gehaltsvorsprung der Master-Absolventen gegenüber Bachelor-Absolventen (noch) geringer zu sein.

Bei einem Vergleich mit Volljuristen kann keine generelle Regel aufgestellt werden:
– Ein Bachelor-Absolvent kann im Schnitt ohne weiteres mit dem Gehalt eines Jung-Anwalts mithalten, ein Master-Absolvent dürfte sogar darüber liegen. In welchem Maße sich dies später (und auf die gesamte Lebenszeit bemessen) ändert, lässt sich anhand der vorliegenden Daten (noch) nicht sagen.
– In Unternehmen scheint es hingegen so zu sein, dass Volljuristen tendenziell besser bezahlt werden als Wirtschaftsjuristen.[63]

Vergleicht man Fachhochschul- und Universitäts-Absolventen, ergibt sich weder aus den vorstehenden Daten noch aus Einzelerfahrungen ein eindeutiges Bild:
– Aufgrund des Selbstverständnisses der Absolventen, das z. T. auch von Arbeitgebern geteilt wird, werden Uni-Absolventen tendenziell wohl ein höheres Startgehalt erwarten (selbstbewusst fordern) und erhalten. Besonders ausgeprägt scheint dies auch in der öffentlichen Verwaltung zu sein.

---

die Range für Einstiegsgehälter von Volljuristen bei 42.000 – 47.000, mit einem Durchschnitt von 45.000 €, und damit insgesamt etwas über dem Niveau der Betriebswirte.
61 *M. Hies* (Hrsg.), Perspektiven für Juristen 2012, e-fellows.net, München 2011, S. 21 – 22. S. mit derselben Tendenz, aber geringeren Gehältern: *Personalberatung PMSG PersonalMarkt Services GmbH*, Tabelle Gehaltsstatistik Juristen, Freie Wirtschaft nach Berufserfahrung und Unternehmensgröße – Gehalt Juristen: (http://www.gehalt.de/statistik/Juristen-Freie-Wirtschaft-nach-Berufserfahrung-und-Branche-Gehalt-Juristen, Stand 1/2012 [17.9.2012].
62 *PMSG PersonalMarkt Services GmbH*, Eigene Erhebung, Stand 3/2011, http://www.gehalt.de/statistik/Master-vs-Bachelor-Einstigegehaelter-2011 [15.9.2012]. Dies deckt sich auch in der Tendenz mit den Unterschieden in den Tarifverträgen des öffentlichen Dienstes (s. o.).
63 *PMSG PersonalMarkt Services GmbH*, Eigene Erhebung, http://www.gehalt.de/statistik/Justisten-nach-Abschluss-2008, Stand 2008 [17.9.2012].

– Das kann aber leicht kompensiert werden durch eine bei Fachhochschul-Absolventen wohl eher vorliegende vorangehende Berufsausbildung und ihre größere Praxisnähe, die in vielen Bereichen auch honoriert wird.

Die vorstehenden Erkenntnisse und Einschätzungen können nicht mehr sein als Tendenzaussagen. Denn wesentlich entscheidender als das Einstiegsgehalt sind erfahrungsgemäß die Karriere- und Gehaltssteigerungsperspektiven. Diese lassen sich statistisch nicht erfassen, sondern sind einzelfall- bzw. einzelunternehmensabhängig.

4. Fazit

Aus der vorstehenden Analyse können folgende allgemeine Schlussfolgerungen abgeleitet werden:

1. Die Entwicklung des Arbeitsmarktes für Bachelor- und Master-Juristen wird zunächst entscheidend geprägt von der Qualität der Absolventen, da diese sich im Wettbewerb mit Volljuristen und anders qualifizierten Hochschulabsolventen behaupten müssen. Je überzeugender diese Qualität ist, desto eher werden sie sich am Markt durchsetzen und für ihre Leistung auch eine marktgerechte Bezahlung erhalten und desto größer wird im Übrigen auch der Druck werden, die bisher nicht zugänglichen Tätigkeitsfelder zu ihren Gunsten zu öffnen.

2. Die Arbeitsmarktperspektiven werden unterstützt durch Transparenz fördernde Maßnahmen bzw. Umstände, die sowohl den Studienbewerbern bzw. zukünftigen Arbeitnehmern als auch den Arbeitgebern möglichst klare Informationen geben über das Qualifikationsniveau der einzelnen Abschlüsse und die Perspektiven, die der Markt diesbezüglich bietet. Zuständig hierfür sind nicht nur, aber in besonderem Maße die Hochschulen. Wirklich effizient wird der Markt nur sein, wenn diese sich zudem in ihrem Angebot an den Qualifikationen orientieren, die im Markt nachgefragt werden.[64] Das gilt sowohl für das Basisangebot als auch für Spezialisierungen.

3. Bei der oben stehenden Analyse wurde der Markt für Bachelor- und Master-Juristen als weitgehend homogen betrachtet. Für eine realistische Betrachtung muss man aber eine Differenzierung bzw. Segmentierung vornehmen:

– Zum einen wird man den Markt in der Breite segmentieren müssen, zumindest in die Bereiche allgemeinjuristische und wirtschaftsjuristische Qualifikation, wobei das größte Potenzial in Letzterem liegen dürfte. Ggf. kann es weitere typische Qualifikationsbereiche geben wie z. B. öffentliche Verwaltung oder Internationales. Ob darüber hinaus in Teilbereichen

---

64 Perspektiven im öffentlichen Dienst z. B. sind im geschätzten Umfang nur dann realistisch, wenn es ausreichend Studiengänge gibt, die dieses Marktsegment anvisieren, da die bisherigen Studienangebote fast ausschließlich privatrechtlich orientiert sind.

der Spezialisierung der Markt unterteilt werden muss, wird sich noch zeigen müssen. Im Augenblick ist dies offenbar nicht der Fall, und eigentlich auch nicht mit dem Anspruch einer Hochschulausbildung vereinbar.
– Zum anderen wird sich wahrscheinlich eine Differenzierung (zumindest in Teilbereichen) in der Tiefe ergeben, nämlich durch die Unterscheidung zwischen Bachelor und Master. Teile des hievor identifizierten Potenzials dürften primär oder ausschließlich Master-Absolventen vorbehalten sein, denn insbesondere im Wettbewerb mit Volljuristen dürften diese besser positioniert sein als Bachelor-Absolventen. Ob und in welchem Maße das verallgemeinert werden kann, wird sich erst noch zeigen müssen und entscheidend davon abhängen, wie groß der Qualifikationsunterschied zwischen beiden Hochschulabschlüssen tatsächlich ist. Das erfordert im Übrigen allerdings auch, dass es ausreichend Studienplätze in Master-Studiengängen geben muss.

Für den Bachelor wird sich darüber hinaus in Teilbereichen (z. B. ReNo- und Steuerfachangestellte, Rechtsfachwirte, Finanzwirte, Bank- und Versicherungskaufleute) die Frage der klaren Abgrenzung zur Berufsausbildung bzw. des deutlichen Mehrwerts gegenüber dieser stellen.

– Abzuwarten bleibt, ob der Markt nach den Hochschultypen Universität-Fachhochschule zu segmentieren ist. Dies wird von den oben angesprochenen Faktoren bzgl. der Substituierbarkeit abhängen und auch von den Profilen der Studiengänge in beiden Hochschultypen. Bislang war die Angrenzung nicht schwierig, da beide unterschiedliche Abschlüsse anboten. Insbesondere seit die Universitäten auch wirtschaftsjuristische Bachelor und Master anbieten, ist der Druck zur Profilierung bei beiden gewachsen. Naheliegend ist die Fokussierung der Fachhochschulen auf eine praxisorientiertere Ausbildung, allerdings werden auch die Universitäten im Bachelor nicht umhinkommen, zur Sicherstellung der Berufsqualifizierung der Praxis und ggf. auch der Spezialisierung mehr Raum zu geben.

IV.
Konsequenzen und Perspektiven für Hochschulen, Politik, Absolventen und Arbeitgeber

Podiumsdiskussion: Konsequenzen und Perspektiven für Hochschulen, Absolventen und Arbeitgeber

André M. Latour

Teilnehmer

Prof. Dr. Barbara Dauner-Lieb, Lehrstuhl für Bürgerliches Recht, Handels- und Gesellschaftsrecht, Arbeitsrecht und Europäische Privatrechtsentwicklung, Universität zu Köln

Markus Lembeck, M.A., Leitender Redakteur, JUVE Verlag für juristische Information GmbH, Köln

Dipl.-Betriebswirt (FH) Ralf Vogler, LL.M. (oec.), Wirtschaftsjurist bei einer großen Fluggesellschaft, externer Doktorand

Dipl.-Wirtschaftsjurist (FH) Markus Wienforth, Senior Consultant Legal, Hays AG, Mannheim

Diskussionsleitung: Prof. Dr. Bernhard Bergmans, Westfälische Hochschule, Recklinghausen

Eingeleitet wurde die Diskussion mit der Frage, inwieweit Bachelor- und Masterjuristen in dem jeweiligen Verantwortungsbereich der geladenen Podiumsteilnehmer überhaupt wahrgenommen werden.

An der Universität zu Köln existiere nach *Dauner-Lieb* ein deutsch-französischer und zukünftig auch ein deutsch-türkischer Bachelorstudiengang für Juristen. Neben der möglichen Erlangung eines ausländischen Abschlusses bereiten diese internationalen Studiengänge auch auf die erste juristische Staatsprüfung vor. Die Erlangung des Bachelors spiele mithin für diese Juristen keine besondere Rolle und diene letztlich nur dem Zweck der notwendigen Akkreditierung, zumal diese insbesondere für den Erhalt des angestrebten ausländischen Diploms erforderlich sei. Eine andere Wahrnehmung gebe es bei den Wirtschaftsjuristen. Geschaffen wurde für diese ein Bachelor- und Masterstudiengang mit ökonomischen Schwerpunkten und einer besonderen Vertiefung im Kartell- und Investitionsschutzrecht. Ziel dieses Studienganges sei zunächst die Bedienung der Anwaltschaft gewesen. Die meisten Absolventen fänden aber oft nicht den Weg in den Anwaltsberuf, sondern in Rechtsabteilungen, da gerade die Großkanzleien eher ein Masterstudium im Ausland als ein solches in der Bundesrepublik favorisieren. Dies zeige, dass in der Wirtschaft ein Markt für Wirtschaftsjuristen bzw. für Juristen mit besonderen Kompetenzen bestehe und diese Tendenz sich auch zukünftig weiter fortsetzen dürfte. Hürden sah *Dauner-Lieb* in der mangelnden Möglichkeit der Etablierung eines Bachelor- und

Masterstudiums mit dem Ziel der Absolvierung des ersten Staatsexamens. Auch die Haltung der Justizministerkonferenz habe gezeigt, dass sich daran mittelfristig nichts ändern werde.

Lembeck wies in Bezug auf die Wahrnehmung der Juristen in Anwaltskanzleien darauf hin, dass der Bachelor- und Masterabschluss dort keine Rolle spiele. Es sei vielmehr so, dass gerade den Kanzleien viel daran gelegen sei, vakante Stellen möglichst mit Volljuristen zu besetzen, vor allem wenn es um solche gehe, die auch schon in der Vergangenheit durch Volljuristen besetzt wurden. Es habe sich insoweit ein gewisser Corpsgeist entwickelt; das Staatsexamen bilde noch immer ein besonderes Kriterium für die Beurteilung der Fähigkeiten eines Juristen. Im Übrigen erfordere zum Teil auch die Betreuung von Mandanten, dass diese durch den jeweiligen Volljuristen vor Gericht vertreten werden könnten. Diplom-Wirtschaftsjuristen sah *Lembeck* aber immer öfter in größeren Kanzleien im Backoffice in nachgelagerten Funktionen, insbesondere in der Insolvenzverwaltung. Aufstiegsmöglichkeiten bis hin zur Partnerebene seien Diplom-Wirtschaftsjuristen jedoch zumeist verbaut. Ganz anders sehe es wieder in Rechtsabteilungen von Unternehmen aus, in denen sich das Bachelor- und Mastersystem bereits etabliert habe und dort auch funktioniere. Zudem würden die Akteure der Rechtsabteilungen immer jünger, so dass das „neuere" Bologna-System dort bekannt sei und sich der Trend in dieser Weise fortsetzen dürfte.

Für *Vogler* kam es eher auf die tatsächlich vorhandenen praktischen Fähigkeiten des Einzelnen an und weniger auf einen akademischen Abschluss als Bachelor, Master oder Volljurist. *Wienforth* pflichtete diesem bei und stellte fest, dass heutzutage vermehrt Wirtschaftsjuristen mit einem Bachelor- und Masterabschluss angestellt würden, selbst wenn diese Stellen in der Vergangenheit zumeist durch Volljuristen besetzt worden wären. Der Vorteil bei Wirtschaftsjuristen sei überdies deren betriebswirtschaftliche und vertriebsorientierten Kenntnisse, die gerade bei Volljuristen häufig nicht vorhanden seien.

Aus dem Auditorium wurde die Frage aufgeworfen, warum im Vergleich zu den Bachelor- und Masterstudiengängen die Volljuristenausbildung nicht akkreditiert werde. *Dauner-Lieb* antwortete, die Organisationsstruktur und der immense Workload, der die Studierenden zu dem Abschluss eines Prädikatsexamens befähige, würde es kaum ermöglichen, die Ausbildung in einer akkreditierungsfähigen 40-Stunden-Woche zu organisieren.

Es schloss sich daran eine weitere Frage aus dem Auditorium zur Durchlässigkeit und Internationalisierung der einzelnen Studiengänge durch den Bologna-Prozess an. So sei es für Studierende zum Teil schwierig, ihre Prüfungsleistungen an anderen Hochschulen anerkennen zu lassen. *Dauner-Lieb* sah dies genau so und verwies darauf, dass selbst ein Wechsel in einen anderen Studiengang an derselben Hochschule mit nicht unerheblichen

Schwierigkeiten im Hinblick auf etwaige Anerkennungen einhergehe und der Bologna-Prozess die Situation dahingehend sogar verschlimmert habe.

Bergmans warf diesbezüglich die Frage auf, ob diese Sachlage durch eine Standardisierung der Bachelor- und Masterstudiengänge verbessert werden könne, die zudem die Markttransparenz erhöhte. *Wienforth* entgegnete dem, dass die derzeit akkreditierten Studiengänge erfolgreich seien und eine umfangreiche Änderung in Form einer Standardisierung nicht erforderlich sei. Dies zeige sich vor allem an der geringen Arbeitslosenquote der Wirtschaftsjuristen. Ähnlich sah dies *Vogler*, der gerade die Spezialisierung der jeweiligen Studiengänge als Erfolgskomponente bezeichnet, die durch einen Prozess der Standardisierung nicht verloren gehen dürfe. *Lembeck* wies in diesem Zusammenhang jedoch auf das Dilemma der Fachhochschulen in der Außendarstellung ihrer Studiengänge bzw. ihres Studienangebots hin, insbesondere im Hinblick auf die zu erreichenden Spezialisierungen. Es bedürfe in dieser Hinsicht noch viel Erklärungsbedarf gegenüber der Wirtschaft.

Bergmans präzisierte, dass unter einer Standardisierung nicht die Entwicklung eines inhaltlichen Leitsystems verstanden werden könne, dem die Hochschulen zu folgen hätten. Eine Möglichkeit der Angleichung zur Verbesserung der Durchlässigkeit biete sich jedoch zum Beispiel bei der Dauer der jeweiligen Studiengänge. So bestünden zum einen sechssemestrige Bachelorstudiengänge, an die sich ein viersemestriger Masterstudiengang anschließe; zum anderen werde das System eines siebensemestrigen Bachelor- und eines sich daran anknüpfenden dreisemestrigen Masterstudiengangs vertreten. Zudem könnten zur Erlangung einer besseren Transparenz eine aussagefähigere Abschlussbezeichnung der Studienabschlüsse hilfreich sein. So werde die Erlangung eines LL.M. schließlich an die Voraussetzung geknüpft, dass der Studiengang seinen überwiegenden Schwerpunkt im juristischen Bereich habe, ansonsten aber nicht nach rein juristischen und interdisziplinären Studiengängen unterschieden.

Für *Dauner-Lieb* besteht eine maximale Transparenz im Staatsexamenssystem, insbesondere in Bezug auf die rechtlichen Inhalte und die Notengebung. Die Fachhochschulen müssten ihr jeweiliges, eigenes Profil stärken und sich dadurch einen guten Ruf erarbeiten. Die Frage sei dann nicht mehr, welchen Standard es an Fachhochschulen gebe, sondern wo der jeweilige Absolvent seinen Abschluss gemacht hat. *Vogler* befürwortete diese Ansicht und fügte hinzu, dass es für die Arbeitgeber grundsätzlich egal sei, ob der Studierende ein bis zwei Semester oder mehr über der Regelstudienzeit studiert habe; entscheidend sei schließlich, was der Absolvent könne. *Wienforth* ergänzte, dass z. Zt. auf eine ausgeschriebene Stelle regelmäßig nur noch zehn Bewerbungen eingingen. Entscheidend sei dann letztlich das persönliche Gespräch, zu dem derzeit die meisten Bewerber geladen würden.

Bergmans verwies in diesem Zusammenhang auf die Erfahrung, dass Stellenausschreibungen immer noch zumeist auf Volljuristen beschränkt seien und überwiegend Prädikatsexamina gefordert würden. *Wienforth* erwiderte, die Fixierung auf Volljuristen liege daran, dass in der Regel der Ausschreibungstext eines alten Stellenprofils herangezogen werde und sich gerade aus diesem Grund potenziell gute Berufseinsteiger leider erst gar nicht bewerben würden.

Aus dem Auditorium wurde die Frage aufgeworfen, ob nicht vor allem die Interdisziplinarität des Studiengangs Wirtschaftsrecht eine besondere und marktrelevante Spezialisierung darstelle. *Vogler* sah diese in der Tat in besonderen Teilbereichen infolge der Belegung ausgewählter Profilfelder. Es dürfe seines Erachtens nicht der Fehler gemacht werden, das Studium Wirtschaftsrecht zu allgemein zu halten, da eine stetige Konkurrenzsituation mit den Ökonomen und Volljuristen bestehe, der nur durch besondere Qualifikationen in Profilfeldern begegnet werden könne. Einen weiteren Vorteil des Fachhochschulstudiums sah ein Teilnehmer aus dem Auditorium vor allem in der frühen Einbindung von Praktika in den Studienverlaufsplan und die dadurch entstehende Möglichkeit eines besseren Berufseinstiegs.

Als weiteren Diskussionspunkt warf *Bergmans* die Frage nach den Berufsmöglichkeiten für Bachelor-Juristen ohne Spezialisierung und interdisziplinäre Ausbildung auf. Für *Dauner-Lieb* ist für viele die volle Breite der Juristenausbildung für den Berufseinstieg, insbesondere in Rechtsabteilungen, erforderlich, da die zu behandelnden juristischen Themen vielschichtig seien. Allerdings werde unabhängig davon insoweit aber auch auf externe Spezialisten zurückgegriffen. Die Koordinierung der Zusammenarbeit mit diesen könne auch durch einen gut ausgebildeten Master-Absolventen geleistet werden. Die Nachfrage von *Bergmans*, ob dies ihres Erachtens ebenfalls für Bachelor-Juristen gelte, verneinte *Dauner-Lieb* und wies darauf hin, dass selbst die allgemeine Juristenausbildung heutzutage nicht mehr ohne wirtschaftsrechtliche Inhalte auskomme. *Lembeck* stimmte dieser Ansicht zu. Zwar werde die Juristenausbildung häufig kritisiert, so dass einiges für eine Spezialisierung spreche. Dennoch könnten sich auch Volljuristen im Wirtschaftsrecht spezialisieren bzw. weiterqualifizieren. Die Frage, die sich dann stelle, sei, was der Wirtschaftsjurist diesem entgegenhalten könnte. *Vogler* sah einen großen Vorteil in der kürzeren Dauer eines Wirtschaftrechtsstudiums gegenüber dem Studium eines Volljuristen mit anschließender Qualifizierung im Wirtschaftsrecht. *Dauner-Lieb* kritisierte in diesem Zusammenhang die mangelnde Entfaltungsmöglichkeit des Volljuristen in der Vorbereitung auf das Staatsexamen. Man würde zum Teil Personen mit Ellenbogen züchten, die gerade von Großkanzleien als Outcome verlangt würden; Fähigkeiten wie Kreativität und Organisationsgeschick würden dabei aber in den Hintergrund treten. Darin läge aber der besondere Vorteil der Fachhochschulen, die die Möglichkeit haben, besondere Eignungen Einzelner zu fördern. Nach dem Eindruck von *Wienforth* würden überdies die zu stark fokussierten Prädikatsabsolventen gar nicht mehr vermehrt gesucht, zumal diese zumeist wieder von anderen Unternehmen abgeworben und dann für das eigene auf lange Sicht uninteressant würden.

Auf Grundlage der bisherigen Diskussion stellte *Bergmans* die Frage, ob letztlich ein Studium an der Universität oder einer Fachhochschule sinnvoller sei und was die Podiumsteilnehmer persönlich empfehlen würden. Einstimmig wird hierzu die Ansicht vertreten, dass es stets auf den Einzelnen, seine Persönlichkeit, seine Fähigkeiten und seine beruflichen Ziele ankomme. Nach Ansicht von *Vogler* gibt es zahlreiche Nischen auf dem Arbeitsmarkt, so dass Konkurrenzsituationen mit Volljuristen gar nicht immer bestehen.

Aus dem Auditorium wurde außerdem gefragt, was man mit den sogenannten „Überfliegern" an der Fachhochschule mache. Es stelle sich hier vor allem das Problem der mangelnden Durchlässigkeit der Studiengänge. So sei den Fachhochschulabsolventen häufig der Weg an die Universität versperrt. *Dauner-Lieb* bekräftigte ihre bereits eingangs gemachte Aussage, dass es in der Tat bislang noch keine akzeptable Durchlässigkeit der Studiengänge gebe. Dabei spiele der noch immer bestehende Standeskampf zwischen Universitäten und Fachhochschulen eine gewisse Rolle, der vor allem in der regelmäßigen Nichtakzeptanz von Fachhochschulabsolventen als Doktoranden zum Ausdruck komme. *Vogler* ergänzte dazu, dass auch das eigene Promotionsrecht an Fachhochschulen nur möglich sei, wenn ein politischer Wille vorhanden wäre. Bei den Juristen sehe er im Unterschied zu den technischen Studiengängen allerdings noch keine dahingehenden Fortschritte.

Als weiteren Themenkomplex sprach *Bergmans* die inhaltliche Differenzierung zwischen Bachelor- und Master-Studiengängen an und warf die Frage auf, wodurch sich diese im Qualifikationsprofil aus Sicht der Hochschulen voneinander unterscheiden. *Wienforth* begrüßte aus der Sicht des Arbeitsmarkts eine vertiefte Qualifizierung durch den Abschluss eines LL.M. Sowohl *Lembeck* als auch *Vogler* und *Dauner-Lieb* sprachen sich in diesem Kontext für ein Modell aus, dass nach dem Abschluss eines LL.B. zunächst eine Orientierungsphase in der Praxis vorsieht, an die sich ein berufsbegleitender Master-Studiengang anschließt.

Abschließend leitete Herr *Bergmans* zu der Fragestellung über, ob es (finanzieller) Anreize für Hochschulen zur Einrichtung von zusätzlichen, qualifizierten Studiengängen bedürfe. In Betracht zu ziehen seien dabei unter anderem Kooperationen mit Arbeitgebern, die an einer besonderen Qualifikation der Absolventen für den Einsatz in ihrem Unternehmen interessiert seien. *Dauner-Lieb* wies darauf hin, dass kürzlich eine bekannte Wirtschaftsprüfgesellschaft einen Master-Studiengang ausgeschrieben und für diesen eigene Standards gesetzt habe. Unter Zustimmung der anderen

Diskussionsteilnehmer wandte sie jedoch ein, dass die Wirtschaft und der Arbeitsmarkt keinen zu großen Einfluss auf die Lehre an den Hochschulen habe dürfen. *Vogler* sah in einer derart engen Angliederung auch die Problematik potenzieller Abhängigkeiten, die vor allem dann eine besondere Rolle spielen dürften, wenn ein Unternehmen etwa Insolvenz anmelden müsste.

Ein neues Verständnis der Juristenberufe und der Juristenausbildungen

Bernhard Bergmans

Andere Zeiten bedingen andere Berufsanforderungen und Berufsbilder. Dass diese eigentlich banale Feststellung nicht nur z. B. im Bereich der Technik gilt, sondern mindestens ebenso in den juristischen Berufen, ist allerdings noch keine verbreitete Erkenntnis im Stande der Juristen, zumindest jener, die im Bereich der Juristenausbildung tätig sind.

In Deutschland herrscht vielmehr eine konservativ-statische Sicht auf den Juristenberuf und dessen Ausbildung: Idealbild ist der Einheits-Volljurist weitgehend gesetzlich normierter Art, der zwar eine deutliche Justizlastigkeit i. w. S. aufweist, aber so gut ausgebildet ist, dass er eigentlich alles kann.

Kurioserweise bedauern dieselben Kreise, dass Juristen in vielen Verantwortungspositionen insbesondere durch Betriebswirte und Ingenieure verdrängt worden sind, ohne daraus irgendeinen Rückschluss auf das Ausbildungssystem zu ziehen. Ebenso widersprüchlich ist es, wie in der letzten Reform die Ausbildung anwaltsgerechter zu gestalten, gleichzeitig aber die extreme Zunahme zugelassener Anwälte zu bedauern.

Was in diesen Überlegungen vollkommen fehlt, ist eine ernsthafte Berücksichtigung des Arbeitsmarktes für juristisch qualifizierte Arbeitnehmer, insbesondere die in der Privatwirtschaft tätigen. Das mag daran liegen, dass die an der reglementierten Ausbildung Beteiligten kaum oder keinen Bezug zu diesem Teil der Arbeitswelt besitzen, und offensichtlich auch wenig Neigung, sich damit zu beschäftigen.

Nicht einmal die erfolgreiche Einführung wirtschaftsrechtlicher Studiengänge an Fachhochschulen hat daran etwas ändern können. Es sind vor allem die Umstände, d. h. zurückgehende Studierendenzahlen und fehlende Geldmittel, sekundär der politische Druck durch den Bologna-Prozess, der hier erste Schritte zu einer offeneren Haltung der Universitäten zur Folge gehabt hat.

Die in diesem Tagungsband versammelten Beiträge tragen dazu bei, diesen zwischenzeitlich erreichten Zustand zu dokumentieren und eine größere Transparenz zu schaffen. Sie zeigen, dass viele der Annahmen und Vorurteile gegenüber Bachelor- und Master-Studiengängen unberechtigt sind. Darüber hinaus haben sie das Potenzial, den Umdenkungs- und Reformprozess ‚von unten' zu stärken, der zwar bereits im Gange ist, dies aber auf eher improvisierte und unsystematische Weise.

Es wäre an der Zeit, die in diesem Tagungsband versammelten Erkenntnisse systematisch zu vertiefen und unvoreingenommen die sich eröffnenden neuen Möglichkeiten zu untersuchen, d. h. letztlich die Grundfragen der juristischen Hochschulausbildung neu zu stellen: Welche Juristen will oder braucht die Gesellschaft, und wie kann dieser Bedarf durch adäquate Ausbildungsmodelle bestmöglich gedeckt werden?

Einige erste Ansätze sollen die folgenden Anmerkungen zu drei wichtigen Aspekten liefern:

1. Berufsqualifizierung bzw. ‚employability' als Richtschnur

Bei allen Vorbehalten, die man berechtigterweise gegen den Bologna-Prozess und vor allem die Art und Weise seiner Umsetzung haben kann, muss man anerkennen, dass Bachelor- und Master-Studiengänge auch die Chance bieten, sich grundlegend vom Bedarf des Arbeitsmarktes her die Frage zu stellen, wozu wir welche Art von Juristen brauchen und welche Qualifikation diese aufweisen müssen.

Dass der in der Bologna-Systematik verwendete Begriff der ‚Berufsqualifizierung' wenig hilfreich ist und de facto durch den der ‚employability' ersetzt wurde, ist dabei weniger wichtig. Entscheidend ist vielmehr, sich zunächst einmal der Realität zu stellen und zu erkennen, dass dort vielfach eine andere Qualifikation gefordert wird als jene, die insbesondere an den Universitäten vermittelt wird.

Denn wenn es so viele schlecht ausgelastete Anwälte gibt, dann liegt das nicht daran, dass es für sie keine Arbeit gäbe, sondern dass sie fehlqualifiziert sind. Das mag bei den wirklich Begabten nicht so wichtig sein, weil diese in der Lage sind, on the job in kurzer Zeit die fehlenden Kenntnisse und Kompetenzen zu erwerben. Aber für das Gros der Studierenden und Absolventen ist es nicht nur volkswirtschaftlich sinnvoll, sondern auch eine Frage der Verantwortung gegenüber der Gesellschaft und diesen Nachwuchsjuristen, sich ernsthaft und konkret mit deren Berufs- und Arbeitsmarktperspektiven zu beschäftigen.

Das bedeutet nicht – wie immer wieder suggeriert wird –, dass die Orientierung am Arbeitsmarkt und eine Studienorganisation in Form von Bachelor- und Master-Studiengängen zwingend eine Verschulung und die Verabschiedung vom wissenschaftlichen Anspruch bedeuten. Wer das behauptet, hat sich nicht ernsthaft mit den Möglichkeiten, aber auch den Herausforderungen der Curriculumgestaltung beschäftigt. Es bedeutet aber wohl, die Verantwortung für ein gelungenes Berufsleben und investierte Lebenszeit nicht ausschließlich auf die Studierenden abzuschieben, sondern ein Studienangebot zu entwickeln, das vielen von ihnen Entwicklungsmöglichkeiten bietet und zugleich einem Bedarf der Wirtschaft entspricht.

2. Breite und Vielfalt sowohl des Marktes als auch der Ausbildung

Das derzeitige Ausbildungssystem propagiert zwar offiziell den Einheitsjuristen, aber de facto gibt es diesen nur bedingt in der Ausbildung und schon gar nicht in der Praxis. Diese Erkenntnis setzt sich erst langsam durch, aber immerhin hat die Justizministerkonferenz in ihrer umfangreichen Bestandsaufnahme vom Frühjahr 2011 das Ideal des Einheitsjuristen auf den Bereich der reglementierten Berufe beschränkt[1] und dann auch konsequenterweise den Fakultäten zumindest freigestellt, Bachelor- und Master-Studiengänge einzuführen, um der Vielfalt des Bedarfs Rechnung zu tragen.

Die Diskussionen greifen aber zu kurz, wenn sie sich nur auf mögliche Spezialisierungen am Ende des volljuristischen Studiums (oder im Rahmen eines postgradualen LL.M.) fokussieren.

Wenn man die Realität des Marktes berücksichtigt, dann muss man feststellen, dass zahlreiche Absolventen nicht nur wirtschaftsjuristischer Studiengänge, sondern auch des klassischen Jura-Studiums, keine schwerpunktmäßig juristische Tätigkeit ausüben, sondern ihre juristische Qualifikation als Teil einer umfassenderen Befähigung einsetzen, bei der allerdings Erstere eine wichtige Rolle spielt.

Wenn man dem weiter nachgeht, wird man schlussfolgern müssen, dass zumindest die bislang an Fachhochschulen ausgebildeten Wirtschaftsjuristen einen zweiten Typus von Juristen darstellen.[2] Die Wirtschaft braucht in der Tat Mitarbeiter, die die Sprache des Rechts verstehen, Vorgaben befolgen und Aufgaben umsetzen können, ohne jedes Mal den fachlich versierten Juristen konsultieren zu müssen. In vielen Bereichen ist keine umfassende

---

1 Justizministerkonferenz, Bericht des Ausschusses zur Koordinierung der Juristenausbildung über Möglichkeiten und Konsequenzen einer Bachelor-Master-Struktur anhand unterschiedlicher Modelle einschließlich der berufspraktischen Phase unter Berücksichtigung des entwickelten Diskussionsmodells eines Spartenvorbereitungsdienstes, Stand 31. März 2011, www.justiz. nrw.de/JM/justizpolitik/schwerpunkte/juristenausbildung/berichte/bericht2011/bericht2011. pdf, 2011 S. 150.
2 Dem entspricht im Übrigen ausdrücklich auch das Mannheimer Stufenmodell: s. *C. Schäfer*, ,Bologna in der Juristenausbildung?' Das Mannheimer Modell eines LL.B.-Studiengangs, NJW 2008, S. 2487 ff (2489): *‚Dabei sucht die Wirtschaft dringend Juristen, allerdings keine klassischen ‚Justizjuristen', sondern solche, die eine an ihren Anforderungen orientierte Ausbildung durchlaufen haben. Ihr Ziel ist nicht die Rechtsabteilung, sondern das Management. Sie sollen und können Aufgaben in der Unternehmensleitung, im Vertrieb, im Einkauf und im Personalwesen übernehmen, und dies mit wachsenden Entscheidungsspielräumen, weil Funktionen, die bis vor Kurzem von zentralen Einheiten, wie etwa der Personalabteilung, übernommen wurden, auf operative Abteilungen zurückverlagert werden. Aus Abteilungsleitern sind in vielen Unternehmen Geschäftsführer geworden, die ein eigenes Unternehmen leiten. Mehr Spielraum bedeutet aber auch mehr Verantwortung, und dies erfordert umfassendere Kenntnisse, nicht nur im Recht, sondern auch in betriebs- und Volkswirtschaft, in Sprachen und Managementtechniken.'*

juristische Tiefenausbildung erforderlich, die vielleicht am OLG benötigt wird, sondern eine interdisziplinäre und spezialisiertere Qualifizierung, die näher am Bedarf der Praxis ist als an dem der Sicherung einer wissenschaftlich begründeten Vertretbarkeit.

Sicher sind dabei Einschränkungen in der Breite der Ausbildung des einzelnen Juristen unumgänglich, aber dafür gewinnt das Angebot juristischer Ausbildungen ganz erheblich an Breite. Und diese Auswahlmöglichkeit kommt nicht nur der Gesellschaft zugute, sondern auch den Studierenden. Diese sind dann vielleicht nicht mehr ganz so vielseitig einsetzbar wie ein Volljurist (obschon auch das insbesondere für den Master noch keineswegs bewiesen ist). Aber warum sollte bei den Juristen nicht akzeptabel sein, was in anderen Bereichen längst gang und gäbe ist? Denn wer beklagt sich darüber, dass es neben Medizinern auch Heilpraktiker gibt und dass in beiden Bereichen niemand alles perfekt abdeckt, sondern jeder seine Spezialisierung besitzt?

Natürlich wird es weiter die klassisch ausgebildeten Volljuristen geben und auch geben müssen, denn auch diese werden weiter benötigt in Justiz, Stabsabteilungen usw. Aber daneben wird es perspektivisch eine zweite Kategorie interdisziplinär ausgebildeter Juristen geben, deren Ausbildung anders und vermutlich arbeitsmarktorientierter, praxisnäher und flexibler gestaltet wird, unabhängig davon, ob dies an einer Universität oder Fachhochschule geschieht.

Ob es daneben noch weitere Typen gibt oder nur spezialisierte ‚Abarten‘, wird sich noch zeigen müssen.

Die Aufregung um die Übertragung der Bologna-Strukturen auf die klassische Juristenausbildung hätte jedenfalls vermieden werden können, wenn von vornherein diese Zweiteilung des Juristenstandes als Basis genommen worden wäre. Denn gerade die Bachelor-Master-Struktur bietet die Möglichkeit, das Bildungsangebot so zu differenzieren, dass es einem tatsächlichen Bedarf entspricht. In diesem Sinne wird man schlussfolgern müssen: ‚Bologna alt ist tot, es lebe Bologna neu‘.

3. Tiefe und Systematik

Die Einführung Bologna-konformer Studiengänge wird nicht nur dazu führen, den Wirtschaftsjuristen neben dem Volljuristen als zweite Option einer juristischen Qualifizierung zu positionieren, sondern auch – nicht nur bei den wirtschaftjuristischen, sondern mindestens genauso bei den allgemeinqualifizierenden Studiengängen – den Bedarf nach einer Systematisierung der juristischen Hochschulausbildung verstärken, und das in zweierlei Hinsicht:

Zum einen gilt es, den jeweiligen konsekutiven Ausbildungsprogrammen ein klares abgestuftes Profil zu geben. Die Leitlinien des Qualifikationsrahmens für Deutsche Hochschulabschlüsse stellen dabei nur eine grobe Richtschnur dar, die mit Inhalten zu füllen ist.

Denn es wird in diesen Studiengängen nicht hingenommen werden, was in der volljuristischen Ausbildung jahrzehntelang geduldet wurde: Dass nicht nur ein erfolgreiches Universitätsstudium, sondern sogar ein abgelegtes erstes Examen offiziell keinerlei marktfähige Qualifikation vermitteln. Dass das grundsätzlich möglich ist, zeigen die bisherigen Bachelor-Absolventen, zumindest im wirtschaftsjuristischen Bereich. Hier wird die Herausforderung darin bestehen, für die konsekutiven Master ein eigenständiges und anspruchsvolleres Qualifikationsprofil zu etablieren und für eine Durchlässigkeit zwischen den einzelnen Spezialisierungen zu sorgen.

Für die allgemeinqualifizierenden Studiengänge ohne nennenswerte Spezialisierung hingegen wird es leichter sein, den Master berufsqualifizierend zu gestalten als den Bachelor. Hier bedarf es weiterer Untersuchungen bezüglich des tatsächlichen Marktbedarfs.

Zum anderen wird sich für den Bachelor die Frage einer Abgrenzung zwischen den verschiedenen Bachelor-Abschlüssen bei gleichzeitiger Standardisierung stellen. Dabei sind nicht nur die bisher angesprochenen Bachelor an Universitäten und Fachhochschulen zu berücksichtigen, sondern beispielsweise auch die zahlreichen Bachelor-Abschlüsse an Fachhochschulen der öffentlichen Verwaltung, die bereits bislang oft dreijährig waren und demnach gut in die Bologna-Struktur passen.

Diese sind nicht nur untereinander zu harmonisieren, sondern auch nach oben und unten durchlässig zu gestalten. Eines der Ziele der Bologna-Reform ist bekanntlich, diesen Wechsel zwischen Studiengängen auch hochschultypenübergreifend zu erleichtern. Dieses Ziel ist jedoch keineswegs erreicht. Das gilt nicht nur für den Wechsel eines FH-Bachelor in einen Uni-Master (der umgekehrte Weg dürfte seltener vorkommen) sowie für den Wechsel zwischen Fachhochschulen des öffentlichen Dienstes oder der Justiz und den allgemeinen Hochschulen, sondern auch für die Verzahnung einer Fachausbildung wie jener für ReNo- oder Steuerfachangestellte mit Bachelor-Studiengängen. Solche Modelle der dualen Ausbildung gibt es bereits in anderen Bereichen und auch für den Steuerbereich, aber die Diskussionen über den Bachelor professional zeigen, dass es hier nicht nur in politischer, sondern auch systematisch-intellektueller Hinsicht noch einiges zu klären gilt.

Eine systematisch gegliederte Ausbildungsstufe unterhalb des Bachelor würde es zudem erlauben, auch jenen Studierwilligen eine Perspektive zu bieten, für die eine Bachelor-Ausbildung zu anspruchvoll ist. Im Justiz- und Verwaltungsbereich gibt es solche Ausbildungsgänge, für den privatwirtschaftlichen Rechtsbereich wäre dies zu prüfen und ggf. aufzubauen.

Benötigt wird für diese Bereiche folglich eine Gesamtschau und Vision, die ausgehend vom Arbeitsmarkt (inkl. öffentlicher Verwaltung) eine Typisierung bestimmter Berufsbilder erstellt, um dann zu klären, wie eine geeignete Ausbildung aussehen könnte. Hier bieten gerade Bachelor- und Master-Studiengangsorganisationsformen die Möglichkeit, Einheitlichkeit und Differenzierung in vielerlei Hinsicht gemeinsam zu erreichen. Das alte starre und segmentierte System ist jedenfalls überholt.

Wenn diese verschiedenen Ansätze konsequent und durchdacht genutzt werden, kann die Juristenausbildung (i. w. S.) in Deutschland bedarfsgerecht, flexibel und zukunftsfähig gestaltet werden. Es würden sich viele der in den Reformdiskussionen zur klassischen Volljuristenausbildung immer wieder auftauchenden, aber im derzeitigen Korsett der juristischen Hochschulausbildung nicht zu lösenden Probleme erledigen und die Möglichkeit eröffnet, die immer knapper werdenden Ressourcen dort einzusetzen, wo sie den größten Mehrwert für die Gesellschaft erbringen.

Autoren

Bergmans, Bernhard, Dr., LL.M. (Louisiana), Professor für Internationales Privatrecht und Internationales Steuerrecht am Fachbereich Wirtschaftsrecht der Westfälischen Hochschule, Recklinghausen, Mitbegründer des Instituts für Rechtsdidaktik und -pädagogik

Bitter, Georg, Dr., Professor an der Universität Mannheim, Lehrstuhl für Bürgerliches Recht, Bank- und Kapitalmarktrecht sowie Insolvenzrecht, Dekan der Fakultät für Rechtswissenschaft und Volkswirtschaftslehre

Latour, André M., Dr., Rechtsanwalt, Lehrkraft für besondere Aufgaben mit den Schwerpunkten Arbeitsrecht und Öffentliches Recht, insbesondere Verwaltungsrecht, am Fachbereich Wirtschaftsrecht der Westfälischen Hochschule, Recklinghausen

Prümm, Hans Paul, Dr., Professor für Öffentliches Recht am Fachbereich Allgemeine Verwaltung der Hochschule für Wirtschaft und Recht, Berlin

Sick, Ulrich, Dr., Rechtsanwalt und Mediator, Dorsten, Honorarprofessor am Fachbereich Wirtschaftsrecht der Westfälischen Hochschule, Recklinghausen

Slapnicar, Klaus W., Dr., emeritierter Professor an der Fakultät Wirtschaftsrecht der Fachhochschule Schmalkalden

Weegen, Michael, Dr., Leiter der Arbeitsstelle ‚Informationssystem Studienwahl & Arbeitsmarkt ISA', Universität Duisburg-Essen

Die Teilnehmer der Podiumsdiskussion sind auf Seite 143 aufgeführt.

LERNEN LEICHT GEMACHT.

WWW.BOORBERG.DE

Lern- und Arbeitstechniken für das Jurastudium

von Professor Dr. Bernhard Bergmans, Institut für Rechtsdidaktik und -pädagogik, Fachbereich Wirtschaftsrecht, Westfälische Hochschule, Recklinghausen

2013, 256 Seiten, € 28,90

Reihe »Rechtswissenschaft heute«

ISBN 978-3-415-04975-8

Der Verfasser behandelt in diesem Buch alle grundlegenden Lern- und Arbeitstechniken, die für das Studium des Rechts an Universitäten und Fachhochschulen, ob im Haupt- oder Nebenfach, erforderlich bzw. hilfreich sind. Dabei setzt er kein besonderes Vorwissen – insbesondere im juristischen Bereich – voraus. Der gesamte Stoff ist für die Leser beim ersten Durchlesen verständlich.

Aus dem Inhalt:
- Bewusst lernen
- Lernen mit Medien
- Fallbearbeitungstechnik
- Verfassen juristischer Arbeiten
- Vortrag und Präsentation

Das Buch führt die Studierenden handlungsorientiert in die jeweiligen Thematiken ein.

RICHARD BOORBERG VERLAG   FAX 0711/7385-100 · 089/4361564
TEL 0711/7385-343 · 089/436000-20   BESTELLUNG@BOORBERG.DE

RA0513